J‹

Pratiques de gouvernance électro

CW00519837

João Marcos Machado de França

Pratiques de gouvernance électronique dans les municipalités de l'État de Rondônia

ScienciaScripts

Imprint

Any brand names and product names mentioned in this book are subject to trademark, brand or patent protection and are trademarks or registered trademarks of their respective holders. The use of brand names, product names, common names, trade names, product descriptions etc. even without a particular marking in this work is in no way to be construed to mean that such names may be regarded as unrestricted in respect of trademark and brand protection legislation and could thus be used by anyone.

Cover image: www.ingimage.com

This book is a translation from the original published under ISBN 978-613-9-60448-7.

Publisher:
Sciencia Scripts
is a trademark of
Dodo Books Indian Ocean Ltd. and OmniScriptum S.R.L publishing group

120 High Road, East Finchley, London, N2 9ED, United Kingdom
Str. Armeneasca 28/1, office 1, Chisinau MD-2012, Republic of Moldova, Europe

ISBN: 978-620-7-27824-4

Copyright © João Marcos Machado de França
Copyright © 2024 Dodo Books Indian Ocean Ltd. and OmniScriptum S.R.L publishing group

Avec une affection particulière, à mon épouse bien-aimée Auricélia Santos Mota, pour m'avoir aidé à transformer en réalité ce qui, au départ, semblait n'être qu'un rêve de plus.

REMERCIEMENTS

Les premiers remerciements vont sans aucun doute à Dieu pour le don de la vie, pour avoir éclairé les meilleurs chemins, pour la force dans les moments difficiles, la motivation, la foi et la persévérance dans le démarrage et l'achèvement de cette thèse, ainsi que pour m'avoir donné le courage et la sagesse de surmonter les obstacles et les défis de ce voyage de 2013 à 2015.

À mon directeur de thèse, le professeur Theóphilo Alves de Souza Filho, pour m'avoir encouragé et avoir apporté une contribution décisive à cette thèse, pour les opportunités d'apprentissage et pour sa patience ;

Aux membres du comité de qualification, Prof Dr Janilene Vasconcelos de Melo, Prof Dr Mariluce Paes de Souza et Prof Dr Theophilo Alves de Souza Filho, pour leur contribution à l'amélioration de ma thèse ;

À mes camarades de master, Gelciomar Simão Justen et Marcos Roberto de Lima Leandro, pour m'avoir incité à choisir l'e-gouvernance comme sujet de cette thèse, dans le cadre de l'expérience d'écriture d'un article commun sur le thème de la gouvernance dans les organisations ;

Aux professeurs du PPGMAD/UNIR, Dr Carlos André da Silva Muller, Dr José Moreira da Silva Neto, Dr[3] . Mariluce Paes de Souza, Dr Osmar Siena, Dr Theophilo Alves de Souza Filho et Dr Tomás Daniel Menéndez Rodriguez pour leur enseignement et leur facilitation de la construction des connaissances pendant les cours de maîtrise et leur contribution à mon développement professionnel.

A mes camarades de classe de 2013/2, Aloir Pedruzzi Junior, Cirleia Carla Sarmento Santos Soares, Erika Paixao de Campos, Francisco Lopes Fernandes Netto, Gelciomar Simao Justen, Iluska Lobo Braga, Jean Marcos da Silva, Jeoval Batista da Silva, Jhordano Malacarne Bravim, Joao Eloi de Melo, Leandro de Jesus, Leonardo Falcao Ribeiro, Leticia Nunes Nascimento Martins, Marcos Roberto de Lima Leandro, Rosigleide Reboli Cardoso et Valdeson Amaro Lima, pour la saine coexistence et l'échange de connaissances et de savoirs et pour l'amitié qui nous unira à jamais.

Enfin, à tous ceux qui ont contribué directement ou indirectement à la réalisation de ce travail.

"L'apprentissage se fait par le biais du comportement actif de l'élève, qui apprend par ce qu'il fait et non par ce que fait l'enseignant.

Ralph W. Tyler.

RÉSUMÉ

Les organisations opèrent dans un environnement de plus en plus complexe, constamment soumis à divers types de pressions, tant internes qu'externes. Les organisations publiques font partie de ce scénario, et on leur demande de plus en plus de fournir de meilleures performances grâce à des mécanismes de gestion efficaces de leurs obligations. Avec l'évolution de l'utilisation des ordinateurs et des médias, de nouvelles formes de relations entre l'État et la société ont été définies et reposent de plus en plus sur les nouvelles technologies de l'information et de la communication (TIC). Ces technologies ont donc le potentiel de construire une nouvelle relation entre le gouvernement et les citoyens, car on suppose qu'elles peuvent permettre une administration publique plus efficace, plus démocratique et plus transparente. C'est dans ce contexte qu'émerge l'e-gouvernance, qui englobe les actions des citoyens en relation avec le gouvernement par le biais de moyens électroniques, permettant à la société d'avoir son mot à dire sur les actions du gouvernement. Dans cette optique, l'objectif général de cette étude est d'évaluer les indices d'e-gouvernance des municipalités de l'État de Rondônia. Pour atteindre cet objectif, la méthodologie adoptée a consisté en une recherche descriptive, documentaire et qualitative. Il a été constaté que parmi les municipalités étudiées, Porto Velho était celle qui avait le score le plus élevé pour l'IGEM, avec 61,50 % des pratiques de gouvernance électronique mises en œuvre, Ariquemes (55,22 %), Ouro Preto (51,73 %), Vilhena (51,40|%) et Ji-Paraná avec (51,07%) des pratiques observées sur les sites. Le gouverneur Jorge Teixeira est celui qui a obtenu le score IGEM le plus bas, avec 39,77 % des pratiques de gouvernance électronique mises en œuvre, Campo Novo de Rondônia (39,91 %), Cabixi (40,20 %), Itapuã do Oeste (40,26 %) et Castanheira, avec 40,26 % des pratiques observées sur les sites web.On peut conclure que les portails des municipalités étudiées présentent davantage de caractéristiques de l'e-gouvernement, mais qu'ils sont loin d'une e-gouvernance capable de restructurer et de permettre de nouvelles formes d'interaction entre les fonctionnaires et les citoyens, étant donné l'absence de participation populaire aux décisions gouvernementales, qui est l'élément fondamental d'une bonne e-gouvernance.

Mots-clés : Gouvernance électronique. Index. Municipalités.

RÉSUMÉ

CHAPITRE 1

INTRODUCTION

Les organisations opèrent dans un environnement de plus en plus complexe et sont constamment soumises à différents types de pressions, tant internes qu'externes. Les organisations publiques font également partie de ce scénario, avec des demandes croissantes d'amélioration des performances grâce à des mécanismes de gestion efficaces en ce qui concerne leurs obligations.

Pendant des siècles, la gestion publique, connue sous le nom d'administration publique, a été basée sur des aspects purement politiques, défendant les intérêts d'une direction centralisée. Cette pratique a toujours été présente dans la société, depuis les premières civilisations des siècles passés. Même au XXe siècle, les activités publiques étaient orientées, avec le modèle dominant d'un État colonialiste et clientéliste, qui traitait les problèmes sociaux de manière générique, comme le résultat d'une cause unique. Ainsi, les "solutions" étaient toujours les mêmes (DAGNINO & COSTA, 2013).

Cependant, il est arrivé un moment où les problèmes sociaux ont dépassé les limites de la monocausalité, donnant lieu à des mouvements visant à faire pression sur le gouvernement pour qu'il trouve davantage de solutions susceptibles de répondre à des demandes de plus en plus nombreuses. À partir des années 1970, un nouveau modèle de gestion est apparu, connu sous le nom de "nouvelle gestion publique" ou NGP, à la suite des pressions exercées en faveur d'un nouveau gouvernement. La NGP est apparue comme une forme de gestion publique qui a modifié l'agenda des gouvernements, les plaçant plus en amont des demandes sociales réelles, avec des actions plus larges, moins centralisées, moins bureaucratiques et plus proches du citoyen (POLLITT & BOUCKAERT, 2002).

Avec la proximité entre l'État et la société, les citoyens sont considérés comme faisant partie du processus de gestion publique, étant en mesure de signaler les problèmes sociaux qui génèrent des demandes de politiques publiques, ainsi que de contrôler les actions du gouvernement et l'investissement des ressources. Les citoyens sont désormais considérés comme des parties prenantes, puisqu'ils sont l'un des financeurs du gouvernement, contribuant par leurs impôts aux recettes publiques qui génèreront les ressources à investir.

Les gouvernements de nombreux pays évoluent dans un monde complexe et doivent s'adapter à la nouvelle réalité de l'ère de la connaissance et de la mondialisation. Dans ce contexte, la société de l'information est en train de prendre forme, les technologies de l'information et de la communication (TIC) jouant un rôle important dans la manière dont l'État remplit ses principales

6

fonctions.

Ces technologies modifient l'approche de la gestion publique, façonnant une réalité dans laquelle les citoyens, les entreprises et d'autres organisations veulent avoir un accès toujours plus rapide et plus facile au gouvernement, dans l'espoir que leurs besoins seront pris en compte par les programmes gouvernementaux. En ce sens, de nouvelles formes de prestation de services et de nouveaux styles de gouvernance sont des moyens possibles d'améliorer la perception générale du service public.

Cette fourniture électronique de services comporte également d'autres aspects, tels que la gouvernance électronique, interprétée comme "le fait de rassembler les citoyens, les personnes clés et les représentants légaux pour qu'ils participent à des communautés avec le gouvernement par des moyens électroniques" (FERGUSON, 2008, p.104).

Tel est le contexte de l'e-gouvernance qui, selon Silva et Correa (2006, p. 2), se concentre sur l'utilisation des facilités offertes par les nouvelles TIC, appliquées à un large éventail de fonctions gouvernementales dans la recherche d'une meilleure performance sociale.

Cependant, la gouvernance électronique ne se limite pas à la mise à disposition de services en ligne et à l'amélioration de l'efficacité de l'administration publique. La voie ouverte par les TIC permet potentiellement des progrès bien plus importants dans l'administration publique, car elle vise à accroître la participation de la société dans l'arène décisionnelle et dans le contrôle des actions du gouvernement.

1.1 Problème de recherche

Aujourd'hui, l'information est de plus en plus accessible, disponible 24 heures sur 24, tous les jours. Il suffit d'un point d'accès au World Wide Web pour disposer de toute une série d'options de navigation. De la même manière que vous pouvez facilement soumettre votre déclaration annuelle d'impôt sur le revenu au Brésil via l'internet, un plus grand nombre de services fournis électroniquement par les gouvernements deviennent disponibles chaque jour.

Avec l'évolution de l'utilisation des ordinateurs et des médias, et en particulier de l'infrastructure Internet, de nouvelles formes de modèles de relations entre le gouvernement et la société ont été définies et sont de plus en plus basées sur les TIC. Les nouvelles technologies ont donc le potentiel de construire une nouvelle relation entre le gouvernement et les citoyens, car elles sont censées rendre

7

l'administration publique plus efficace, plus démocratique et plus transparente (MEDEIROS ; GUIMARÃES, 2004).

Cependant, la gouvernance électronique ne se limite pas à la mise à disposition de services *en ligne* et à l'amélioration de l'efficacité de l'administration publique. La voie ouverte par les TIC permet potentiellement des progrès beaucoup plus importants dans l'administration publique, car elle vise à accroître la participation de la société dans l'arène décisionnelle et dans le contrôle des actions du gouvernement. Cette thèse vise donc à identifier les pratiques d'e-gouvernance à travers les sites web des municipalités de l'Etat de Rondônia.

1.2 Objectif général

Identifier les pratiques d'e-gouvernance des municipalités de l'état de Rondônia, en utilisant la méthodologie de l'indice de gouvernance selon Mello (2009).

1.2.1 - Objectifs spécifiques :

Deuxièmement, il s'agit d'atteindre les objectifs spécifiques suivants :

- Identifier les pratiques de gouvernance électronique mises en œuvre par les 52 municipalités de l'État de Rondônia ;

- Calculer les indices de gouvernance électronique des municipalités analysées ;

- Décrire les pratiques de gouvernance électronique des municipalités de l'État de Rondônia ;

- Mesure des indices d'e-gouvernance sur la base de la méthodologie Mello (2009).

1.3 Justification

La technologie et l'internet gagnent chaque jour du terrain dans la société, ce qui encourage la recherche visant à contribuer à une meilleure exploitation de ce mécanisme qui a permis aux gestionnaires publics un nouveau modèle de relation avec la population, permettant potentiellement un contrôle social et une plus grande interaction entre la société et l'administration publique, que ce soit en critiquant ou en donnant leur avis sur la prestation des services offerts à la population.

L'intérêt pour l'étude des questions de gouvernance électronique a pris de l'ampleur au début

8

des années 2000, mais avant cela, de nombreux gouvernements discutaient déjà et mettaient en œuvre l'administration électronique, en particulier l'utilisation de l'Internet pour fournir des services. Cet intérêt a été suscité, en partie, par la croissance géométrique de l'accès à Internet. Dans le cas du Brésil, selon les recherches menées par le Comité directeur brésilien de l'Internet (CGI, 2008), à la fin de 2007, les utilisateurs d'Internet représentaient déjà 34 % de la population, soit environ 45 millions d'utilisateurs d'Internet.

Ainsi, un nouveau modèle de gouvernance doit être basé sur les opérations dans l'espace virtuel, l'économie numérique et la gestion des sociétés liées à la connaissance. Dans ce contexte, l'e-gouvernance apparaît comme une tendance émergente visant à réinventer le mode de fonctionnement des pouvoirs publics (GHOSH ; ARORA, 2005, p. 52).

En outre, la gouvernance électronique rend les études organisationnelles plus pratiques, favorise l'interaction intra- et intergouvernementale, cherche à améliorer les processus internes et à offrir un soutien TIC aux gestionnaires publics et, de cette manière, favorise la formulation de politiques publiques plus efficientes, efficaces, durables, transparentes, équitables et institutionnellement articulées (SOARES Jr. ; SANTOS, 2007, p. 12).

Dans cette optique, cette thèse vise à contribuer à l'étude du sujet, en suscitant une discussion sur des questions de grande importance pour le développement de la citoyenneté et, par conséquent, de la démocratie au Brésil, ainsi qu'en proposant un moyen d'évaluer et de suivre le développement de la gouvernance électronique dans les municipalités de l'État de Rondônia.

1.4   Structure du travail

Afin d'atteindre l'objectif proposé dans cette recherche, le travail est divisé en cinq étapes, en plus des références et des annexes :

L'étape 1 - Introduction présente la contextualisation du problème, les objectifs de la recherche, la justification de l'étude et la structure du travail.

L'étape 2 - Cadre théorique fournit la base théorique de la recherche. À cette fin, elle présente d'abord le concept de la littérature sur la gouvernance publique, puis discute des tendances théoriques de la gouvernance électronique dans l'administration publique, et enfin présente les aspects relatifs à la gouvernance électronique dans l'administration publique.

L'étape 3 - Méthodologie - aborde les procédures méthodologiques adoptées pour mener à bien la recherche.

L'étape 4 - Analyse des résultats présente les résultats obtenus dans le cadre de l'étude et leur analyse.

L'étape 5 - Considérations finales répond aux objectifs de la recherche, présente la conclusion de l'étude et les recommandations pour les recherches futures.

CHAPITRE 2

CADRE THÉORIQUE

Ce chapitre fournit la base théorique de cette recherche, en présentant d'abord les concepts de la littérature sur la gouvernance publique, puis les tendances théoriques de l'e-gouvernance dans l'administration publique et enfin le thème de l'e-gouvernance dans la gestion publique.

2.1 Gouvernance publique

Il n'y a pas de consensus sur le concept de gouvernance publique. En fait, il existe différents points de départ pour une nouvelle façon de structurer la relation entre l'État et ses institutions, avec les organisations à but lucratif et non lucratif d'un côté et la population de l'autre (DELFORGE, 2011).

Le terme "gouvernance" a été défini de différentes manières par des organisations internationales telles que le ministère britannique du développement international (DFID), le programme des Nations unies pour le développement (PNUD) et la Banque mondiale, qui ont été chargées de diffuser ce concept (MINOGUE, POLIDANO et HULME, 1998).

Delforge (2011) explique que le concept de gouvernance a d'abord été associé au débat politique développementaliste, un terme utilisé pour désigner les politiques de développement fondées sur des hypothèses structurelles telles que la gestion, la responsabilité, la transparence et la légalité dans le secteur public, qui sont fondamentales pour le développement de la société.

Paiva (2002, p.9) explique que la gouvernance vient du latin gubernare et est liée au gouvernement, "l'administration dans son sens le plus générique". Lane (2000) conçoit la gouvernance comme un ensemble de théories sur la manière dont le gouvernement s'y prend pour fournir des services à la population.

Pour Rezende et Freury (2005), la gouvernance est définie comme la capacité financière et administrative à mettre en œuvre des politiques publiques visant à renforcer l'État, à surmonter la crise fiscale, à délimiter son domaine d'activité, à distinguer le noyau stratégique des unités décentralisées, à présenter des hommes politiques capables de prendre les décisions nécessaires et à présenter une population motivée pour exercer un contrôle social.

Ruas (1997) explique que la capacité financière correspond à la disponibilité de ressources publiques permettant de réaliser des investissements et d'introduire et de poursuivre des politiques publiques permanentes. La gouvernance administrative fait référence à la manière de gérer et aux limites fixées par l'action administrative. Dans cette perspective, Bresser Pereira (1997) explique que les tentatives de lutte contre la crise de l'État ont mis l'accent sur les politiques d'ajustement fiscal dans les années 80. Dans les années 1990, ces efforts n'ont pas suffi et l'on a cherché à maximiser la capacité de gestion de l'État.

La définition de la gouvernance publique est apparue au milieu de la transition du modèle administratif de l'État brésilien, considéré par Fontes Filho (2003) comme l'utilisation de stratégies du secteur privé adaptées à la réalité du secteur public, dans le but d'insérer des techniques privées dans la gestion publique qui permettent d'accroître la transparence et la participation de la société et d'améliorer la qualité des services offerts, ainsi que de rendre plus efficaces les transactions entre l'État et les citoyens. Bento (2003) définit la gouvernance comme un ensemble d'outils visant à rendre les processus administratifs de l'État optimaux et efficaces, en vue de parvenir à la démocratisation des politiques publiques.

Ainsi, en raison du potentiel découlant de la croissance des acteurs sociaux appartenant à la nouvelle gestion publique, les chercheurs dans les secteurs gouvernementaux ont davantage discuté de la gouvernance, mettant en évidence de nouvelles perspectives sur l'administration publique, en particulier la nécessité d'encourager la participation de la société afin de démocratiser les processus de prise de décision publique (REZENDE ; FREURY, 2005).

La Banque mondiale et le Programme des Nations unies pour le développement (PNUD) ont fait un usage considérable du concept de gouvernance. Pour Coppedge (1995), la gouvernance est responsable des relations entre des acteurs sociaux qui diffèrent par leurs ressources de pouvoir.

L'auteur explique que ces relations sont régies par des règles et des procédures qui doivent être respectées et appliquées par tous, qu'il appelle des formules (PEREIRA et al., 2010).

Les institutions soulignent que la bonne gouvernance exige que tous les segments de la société aient des représentants libres de participer à la gestion publique. Pour ce faire, il est essentiel d'avoir un gouvernement ouvert et transparent, avec des outils qui encouragent le contrôle social et une relation étroite entre le gouvernement et les citoyens. Cela signifie que les comportements éthiques sont toujours respectés et que l'administration elle-même est motivée pour encourager les membres de la société à participer au processus de développement social (PEREIRA et al., 2010).

L'une des conditions préalables à une gestion publique efficace est la diffusion d'informations de qualité à ses utilisateurs. Les premières transformations peuvent être observées dans la distribution des activités économiques, politiques et sociales, qui, grâce à ces technologies, ont fait tomber les frontières. Dans cette perspective, il a été observé que les technologies de l'information et de la communication permettent aux citoyens d'entrer en contact avec des services électroniques de manière de plus en plus rapide et facile (SANTOS JUNIOR ; OLIVEIRA, 2012).

Le manque de participation populaire est l'un des défis de la bonne gouvernance, étant donné que la société ne s'intéresse pas à la politique et que cette situation rend plus difficile son intégration dans le réseau qui se forme entre les États et les différents acteurs sociaux. Cette situation n'est pas seulement préjudiciable à l'État, mais aussi à la société elle-même, qui perd à ne pas participer à un processus qui aura des conséquences directes ou indirectes pour elle, aujourd'hui ou à l'avenir (CELSO ; SILVA ; COELHO, 2012).

Un concept plus global fait référence à une vaste stratégie de changement visant à renforcer les institutions de la société civile et à permettre aux gouvernements de devenir plus ouverts, responsables, transparents et démocratiques. Les Nations unies (UNITED NATIONS, 2002, p.53-54) définissent la gouvernance comme suit :

> La gouvernance n'est pas nécessairement une "entité physique", ni l'acte de gouverner les citoyens. De manière plus réaliste, elle est comprise comme un processus par lequel les institutions, les organisations et les citoyens se "guident" eux-mêmes. La gouvernance concerne également l'interaction entre le secteur public et la société, et la manière dont la société s'organise pour prendre des décisions collectives, de sorte que des mécanismes transparents soient mis en place pour que ces décisions se concrétisent.

En outre, il convient de tenir compte du fait que le gouvernement présente des caractéristiques qui le distinguent des organisations privées, notamment en ce qui concerne la définition de la gouvernance. Dans le secteur privé, le terme est lié à la gouvernance d'entreprise - englobant les relations entre les actionnaires, la direction et le conseil d'administration, constituant le système de gouvernance d'entreprise (MONTGOMERY et KAUFMAN, 2003) - tandis que dans le secteur public, la définition se réfère à la capacité de l'État à mettre en œuvre efficacement les politiques publiques établies dans sa planification (GUIMARÃES ; MEDEIROS, 2003).

Selon González de Gómez (2002) et Cabral (1995), l'accès à l'information et la pluralité des instruments participatifs sont des éléments fondamentaux pour l'observation de la gouvernance et l'exercice de la citoyenneté elle-même. La gouvernance est un mécanisme important pour atteindre des niveaux plus élevés de transparence, faciliter la disponibilité de l'information pour la population et encourager la participation populaire à l'administration publique.

L'accès à l'information publique fait référence au rôle de l'État en tant que fournisseur d'informations à la société, ce qui en fait un élément important de la gouvernance (RIBEIRO, 2004 ; GONZÁLEZ DE GÓMEZ, 2002). La popularisation de l'accès à l'information doit passer par la reconnaissance de ce droit en fournissant des programmes au pouvoir exécutif, réglementés et supervisés par le pouvoir législatif.

Plusieurs auteurs (FREY, 2000 ; GOMES, 2005, RUEDIGER, 2002) ont fait valoir qu'au Brésil, il existe une prédominance de sites web gouvernementaux qui visent uniquement à offrir des services publics à la population, sans fournir d'informations ou d'outils pour encourager la participation de la société. Cela signifie que les sites web gouvernementaux sont plus proches du modèle d'e-gouvernement que de l'e-gouvernance, ce qui montre que les relations entre la société et le gouvernement sont encore loin d'être idéales (ALVES ; DUFLOTH, 2008).

Ensuite, il est nécessaire de discuter de la théorie qui soutient l'approche adoptée dans cette thèse, dans le contexte de la municipalité, de l'e-gouvernance et de leurs relations.

2.2 Tendances théoriques de la gouvernance électronique dans la gestion publique

La théorie des choix publics s'impose comme un courant théorique de l'e-gouvernance.

La théorie du choix public est un courant théorique de la gouvernance électronique et est présentée dans ce contexte avec les objectifs suivants : réduire les conflits liés à l'asymétrie de l'information entre les administrateurs publics et les citoyens ; réduire les conflits découlant du comportement des administrateurs publics dans la perspective qu'ils peuvent prendre des décisions pour maximiser le bien de la communauté et pas seulement leurs propres intérêts.

Ces objectifs peuvent être atteints grâce à la gouvernance électronique qui favorise la transparence, la responsabilité, permet une plus grande participation de la société, l'efficacité des processus internes, etc. (MELLO, 2009).

C'est pourquoi, afin d'expliquer cette théorie plus en détail, voici une description de la théorie du choix public.

2.2.1 Théorie des choix publics

Les origines et l'évolution de la théorie des choix publics (TCP) remontent au XVIIIe siècle, avec le mathématicien Frances Marques de Condorcet et sa description du "paradoxe du vote". Les origines contemporaines de cette théorie se situent entre la fin des années 1950 et le milieu des années 1960, les économistes James Buchanan et Gordon Tullok étant les fondateurs de la TCP, avec leur ouvrage The Calculus of Consent. Le politologue Anthony Downs (*An Economic Theory of Democracy*, 1957) et les économistes Mancur Olson (*The Logic of Collective Action*, 1965) et William Riker (*The Theory of Political Coalitions*, 1962) sont également considérés comme les cofondateurs de cette théorie (BORSONI, 2004).

Le développement historique de la théorie des choix publics est associé à une approche critique de l'économie du bien-être. Elle en est venue à analyser les problèmes de la prise de décision collective face à des problèmes tels que l'inefficacité de l'administration publique, le manque d'incitations, les problèmes d'obtention d'informations sur les préférences des citoyens et la rigidité institutionnelle. Cette approche du processus politique a quelque peu altéré l'idéal démocratique et a montré que finalement les aspirations de cet idéal étaient élevées par rapport à ce que permet la méthode démocratique.

Depuis sa création, la théorie des choix publics est liée à la relation entre les problèmes abordés par l'économie et la science politique. Elle est devenue une branche de la science économique qui étudie les caractéristiques de la manière dont les gouvernements prennent des décisions sur l'allocation de leurs ressources à la société (BORGES, 2001). James Buchanan et Gordon Tullock ont observé une politisation croissante de l'économie, un mouvement qui prêchait que le gouvernement avait la capacité de réguler et de gérer l'économie, se référant à l'existence d'un État positif. Cependant, l'apparition de certains facteurs sociaux dans les années 1970, tels que le chômage et l'inflation, a commencé à mettre en évidence une économie insatisfaisante et l'État a commencé à jouer un rôle de régulateur dans les activités économiques (SOUZA, 2013).

Dans ce contexte, la vision de l'échec du gouvernement a émergé et les chercheurs en choix publics ont identifié différents types d'erreurs dans le secteur gouvernemental, qui avaient la même essence que ce qui avait été discuté dans les générations précédentes par les économistes. Les politiques de nationalisation étaient une preuve évidente de l'échec de l'État positif. Les entreprises publiques ont été mises en cause pour ne pas avoir atteint leurs objectifs sociaux et économiques et pour leur manque de responsabilité. Par conséquent, la théorie des choix publics a commencé à être

15

considérée dans une perspective plus large que les formes traditionnelles de résolution des conflits, car elle offre une proposition visant à expliquer le comportement politique (SOUZA, 2013).

Contrairement à l'analyse microéconomique de l'économie néoclassique, qui se concentre sur les choix privés des individus concernant les biens et services destinés à un usage privé, le choix public se concentre sur les décisions collectives concernant les biens publics qui sont le résultat de décisions individuelles.

Ainsi, la théorie du choix public est responsable des décisions des individus qui affectent l'ensemble d'une communauté. Les choix collectifs découlant des préférences individuelles et les règles et procédures de prise de décision collective sont les éléments de base de la théorie du choix public (BORSONI, 2004).

Selon la théorie du choix public, les individus sont soumis aux mêmes motivations dans la vie publique et dans la vie privée. De ce point de vue, on peut dire que les individus exercent leur pouvoir de décision dans le processus politique en tant qu'électeurs et sur le marché en tant que consommateurs.

Le choix public vise à étudier les préférences ou opinions collectives indirectes des individus en tant qu'électeurs dans le processus politique, par rapport à leurs propres préférences et choix individuels en tant que consommateurs sur le marché (CRUZ, 2011).

Cette conception selon laquelle le comportement économique du gouvernement est guidé exclusivement par l'intérêt public, en élaborant des politiques publiques qui corrigent efficacement les défaillances du marché, a été remise en question par la théorie du choix public. Selon cette approche, les hommes politiques et les bureaucrates, tout comme les entrepreneurs et les consommateurs de l'économie néoclassique, sont des acteurs rationnels motivés par leur propre intérêt. Cette réalité conduit à des situations dans lesquelles les politiques publiques visant le bien commun ne servent pas la majorité de la population. La théorie des choix publics repose donc sur le principe que l'action des pouvoirs publics présente des défauts, tout comme le fonctionnement du marché (BORSONI, 2004).

Le comportement rationnel et l'intérêt personnel sont présentés par le même auteur comme les deux hypothèses de base de la théorie du choix public. Ils sont considérés comme des éléments qui stimulent les préférences individuelles des gouvernants et des électeurs.

La littérature présente également un troisième élément qui fait référence à l'ensemble des règles et institutions politiques.

Selon les hypothèses de la théorie des choix publics, les décisions des dirigeants gouvernementaux sont le résultat de choix stimulés par des préférences individuelles, effectués selon certaines règles et procédures de prise de décision collective, qui sont choisies pour maximiser les avantages individuels (BORSONI, 2004).

L'intérêt personnel est l'aspect du modèle individuel visualisé dans la théorie du choix public. Un individu intéressé est quelqu'un qui cherche les moyens d'atteindre les fins qu'il souhaite, c'est-à-dire qu'il agit dans le but de satisfaire ses propres désirs et non ceux de quelqu'un d'autre. Ainsi, la théorie du choix public explique que la politique est défectueuse et que les décisions prises collectivement ne permettent pas toujours d'atteindre le bien-être général car, tout comme sur le marché, les individus ont un intérêt personnel lorsqu'ils prennent des décisions politiques. Par conséquent, ils ne recherchent pas le bénéfice des autres, mais plutôt leur propre bénéfice (BERNABEL, 2009).

La théorie du choix public a pris de l'importance dans les études universitaires et a été considérée comme une extension des concepts de la théorie économique conventionnelle au marché politique.

Selon cette théorie, que ce soit sur le marché ou en politique, les individus se comportent de la même manière, c'est-à-dire qu'ils sont mus par le même stimulus de maximisation de l'intérêt personnel (DIAS, 2009).

Sachant que les gouvernements ont l'obligation de fournir des biens et des services publics à la société, une analogie est faite avec un jeu politique dans lequel les électeurs (consommateurs) et les politiciens (fournisseurs) sont les joueurs. Ces joueurs correspondent d'une part à ceux qui recherchent des biens collectifs et d'autre part à ceux qui permettent la fourniture de ces biens. Ainsi, le jeu politique doit faire correspondre la demande de biens collectifs à la capacité économique de les fournir. La principale différence avec une organisation est que les hommes politiques cherchent avant tout à gagner les élections, tandis que les entreprises cherchent à faire du profit (FORMAINI, 2005).

Pour Samuelson et Nordhaus (1993), le choix public est le processus par lequel les préférences individuelles sont combinées dans des décisions collectives. Ce processus conduit à des décisions gouvernementales complexes qui affectent la société. Selon la théorie des choix publics, les électeurs, bien que rationnels, ont tendance à ignorer les questions liées au gouvernement.

Comme sur le marché des biens et des services, l'information ne coûte pas cher, les agents ne prennent que des décisions qui leur conviennent, alors que sur le "marché politique", les électeurs prennent des décisions sur des questions qui ne sont pas dans leur intérêt (PREWORSKY, 1995).

Ainsi, puisque les électeurs sont rationnellement ignorants, les politiciens n'ont aucun moyen de savoir à l'avance quel sera leur choix. Sur le "marché politique", des groupes privés organisés agissent pour modeler la volonté des électeurs en fonction de leurs intérêts. Tandis que les politiciens utilisent des mécanismes pour vendre des politiques publiques afin de satisfaire ces groupes en échange de votes, ce qui suggère que le jeu politique fonctionne en faveur du segment social le mieux structuré et le mieux positionné en termes de revenus (DOWNS, 1957 ; UDEHN, 1996).

La participation de la population au processus politique se fait par le biais du vote, mais aussi par la participation des groupes d'intérêt. La théorie des choix publics s'est intéressée au rôle des groupes d'intérêt dans l'influence et la détermination des politiques.

Olson (1982) distingue deux types de groupes : les groupes d'intérêt public et les coalitions distributives qui visent uniquement à obtenir de meilleurs résultats pour leurs membres.

En analysant les conséquences macroéconomiques de la participation à des coalitions distributives, nous avons émis l'hypothèse que plus une société est stable dans le temps, plus elle crée de groupes redistributifs.

Les analystes des choix publics ont développé de nombreuses positions sur les motivations économiques des hommes politiques et les répercussions économiques de leur structure politique en dirigeant et en influençant la vie des gens par le biais de lois, de règles, de réglementations et d'impôts (CRUZ, 2012). On peut donc dire que les individus exercent leur pouvoir de décision dans le processus politique en tant qu'électeurs et sur le marché en tant que consommateurs.

Le choix public peut être défini comme l'étude des préférences ou opinions collectives des électeurs dans le processus politique, comparées à leurs propres préférences et choix individuels en tant que consommateurs sur le marché. Dans cette optique, certains concepts de la théorie des choix publics sont présentés ci-dessous.

Pour Muller (1989), le choix public peut être défini comme l'étude économique du processus de prise de décision en dehors du marché ou l'utilisation de concepts économiques en science politique. Son objet d'étude est la théorie de l'État, les règles électorales, le comportement des électeurs, les partis politiques et la bureaucratie. Sa méthodologie repose sur la théorie économique et son postulat de base est que l'homme est un maximisateur d'utilité, égoïste et rationnel.

Tullock, Seldon et Brady (2002) conceptualisent la théorie du choix public comme l'analyse scientifique du comportement du gouvernement et, en particulier, du comportement des individus par rapport au gouvernement, sans répercussions politiques, à l'exception des cas où une politique spécifique est considérée comme impossible ou extrêmement indésirable pour atteindre les objectifs politiques établis.

Selon Buchanan (2003), le choix public serait une "politique sans romance", un concept qui démystifie l'image selon laquelle les dirigeants recherchent toujours le bien de la communauté, en concluant que les administrateurs publics ne souhaitent pas maximiser l'intérêt public, mais cherchent plutôt à maximiser leurs propres intérêts. Formaini (2005) définit la théorie du choix public comme une théorie associée au sens commun, considérant que les gouvernements sont des groupes et des personnes qui interagissent, encouragés par une sorte d'égoïsme qui motive les individus dans la sphère privée, avec l'image que le gouvernement est un processus de prise de décision prenant en compte les problèmes sociaux de la communauté.

On peut donc dire que cette théorie se réfère au comportement des individus dans leur rôle d'électeur, en se basant sur le fait que les préférences individuelles sont associées à des décisions collectives. Ainsi, les décisions des gouvernants sont le résultat de choix stimulés par les préférences individuelles, effectués selon certaines règles et procédures de décision collective, choisies pour maximiser les bénéfices individuels.

2.3 LA GOUVERNANCE ÉLECTRONIQUE DANS LA GESTION PUBLIQUE

Avant d'aborder la gouvernance électronique, il est nécessaire de présenter les technologies de l'information et de la communication, qui sont à la base de la création et du développement de la gouvernance électronique.

19

2.3.1 Technologies de l'information et de la communication

Au milieu des années 1990, de nombreux pays sont entrés dans l'ère de l'information en adoptant de nouvelles idées technologiques susceptibles d'être exploitées pour réinventer les tâches gouvernementales (RUELAS ; ARÁMBURO, 2006, p. 1).

Ces idées technologiques peuvent être comprises comme l'utilisation des technologies de l'information et de la communication (TIC), en particulier l'internet, dont l'objectif est de changer la façon dont les individus interagissent entre eux et avec la société dans son ensemble, ainsi que la façon dont la société offre à ses habitants un espace pour interagir les uns avec les autres. De nouveaux modes de communication sont devenus disponibles, plus rapides, plus efficaces et capables d'atteindre tous les individus de la société. En théorie, toute personne ayant accès aux technologies de l'information et de la communication peut obtenir des informations sur elle-même et sur les autres. L'ouverture de ces canaux a un rôle important à jouer dans les pays en développement, car ils permettent à leurs utilisateurs d'avoir un accès quasi illimité à l'information contenue dans les bases de données et les sources de connaissances éloignées (NATH, 2003, p. 1).

L'idée d'adopter les TIC est d'aller au-delà de la simple fourniture passive d'informations et d'impliquer activement les citoyens dans le processus de prise de décision (UNESCO, 2005). Bardill (2000, p. 113) fait remarquer que lors de la réforme des services publics sud-africains, l'un des points importants mis en avant était le rôle vital de la gestion, des systèmes et de la technologie de l'information, qui était fondamental dans le processus de réforme et de consolidation des services publics, et pas seulement en tant que fonction de soutien importante, mais en tant que composante intégrale d'une meilleure forme de gouvernance et de prestation de services.

L'ère de l'information, sous la forme des TIC, a visiblement changé le visage de la gouvernance, car elles peuvent être utilisées de manière durable pour faciliter les opérations gouvernementales ainsi que pour impliquer la société civile, mais le défi consiste à améliorer l'efficacité et à fournir une plus grande transparence et des services de meilleure qualité (MIMICOPOULOS *et al.*, 2007, p. 7-8).

En outre, les technologies de l'information sont universellement reconnues comme un outil rapide, fiable, abordable et efficace pour la fourniture de services publics (KARWAL

et al., 2005, p. 130), c'est-à-dire que l'exploitation des nouvelles TIC est considérée comme la clé pour rendre les gouvernements plus efficaces, plus efficients, de meilleure qualité et plus démocratiques (RUELAS ; ARÁMBURO, 2006, p. 1).

La Banque mondiale (2007) ajoute que les TIC peuvent servir à améliorer la prestation des services publics, les interactions avec les entreprises et les industries, l'autonomisation des citoyens grâce à l'accès à l'information et rendre la gestion gouvernementale plus efficace. Il peut en résulter une diminution de la corruption, une plus grande transparence, une plus grande commodité, une augmentation des recettes et/ou une réduction des coûts.

Les TIC dont il est question ici se limitent à l'utilisation de l'internet, qui joue un rôle essentiel dans la diffusion de l'information et l'offre de services à la population. De nombreux organismes publics ont des *sites web* qui fournissent des informations sur les politiques, les projets et les actions du gouvernement, et offrent une gamme de services aux citoyens (PIERANTI *et al.*, 2007, p. 11).

Ainsi, Internet est un instrument qui favorise la bonne gouvernance en augmentant la transparence, l'efficacité et en fournissant des services orientés vers le client, mais d'une manière générale, il ne fonctionne pas encore comme un moyen efficace de faciliter la consultation des citoyens, la discussion politique ou d'autres actions démocratiques dans le cadre du processus de prise de décision politique. La technologie se comporte comme un facilitateur au sein des structures sociales et politiques existantes (TORRES *et al.*, 2006, p. 300).

2.3.1 Gouvernance électronique

Avec l'avènement des TIC, l'e-gouvernance apparaît comme une tendance émergente visant à réinventer le mode de fonctionnement de l'administration, notamment en ce qui concerne la fourniture de services publics et la participation des citoyens à la gestion, *en ligne*.

Pour Panzardi *et al.* (2002, p. 7), l'introduction de l'e-gouvernance est un moyen de garantir que les citoyens ordinaires ont un droit égal de participer aux processus de prise de décision qui les concernent, directement ou indirectement, et de les influencer de manière à améliorer leurs conditions et leur qualité de vie. La nouvelle forme de gouvernance veillera à ce que les citoyens ne soient pas des consommateurs passifs des services offerts et les aidera à jouer un rôle décisif dans le choix du type de services ainsi que de la structure qui pourrait le mieux les fournir (NATH, 2003, p. 5).

L'e-gouvernance s'inscrit précisément dans le contexte des transformations de la société de l'information dans laquelle les TIC permettent, d'une part, d'améliorer l'efficacité de la fourniture des services publics et, d'autre part, d'accroître la capacité de l'État à fournir des informations publiques

21

aux différents publics cibles qui en ont besoin.

L'application des TIC pour une meilleure gouvernance est appelée gouvernance électronique ou e-gouvernance, dont l'objectif principal est d'utiliser les facilités des nouvelles TIC appliquées à un large éventail de fonctions gouvernementales dans la recherche d'une meilleure performance sociale (SILVA ; CORREA, 2006, p. 2).

Pour Okot-Uma (2001), l'e-gouvernance est un concept et une pratique émergents par lesquels les gouvernements cherchent à matérialiser les processus et les structures afin d'exploiter le potentiel des TIC à différents niveaux du gouvernement et même au-delà du secteur public, dans le but de parvenir à une bonne gouvernance.

La gouvernance électronique requiert divers éléments de bonne gouvernance, tels que la transparence, la *responsabilité, la* participation, l'intégration sociale, la réforme et le développement de la gestion des finances publiques, y compris un large éventail de services pour presque tous les segments de la société, mais les domaines d'application les plus courants de la gouvernance électronique sont : l'éducation, les transports, l'agriculture, la fiscalité et les recettes, l'application de la loi, le commerce électronique et la réglementation des entreprises (PAUL, 2007, p. 177).

La littérature actuelle identifie différentes conceptualisations de l'e-gouvernance (GHOSH ; ARORA, 2005 ; CONSEIL DE L'EUROPE, 2007), c'est pourquoi la conceptualisation qui couvre les aspects des relations entre les citoyens et la municipalité sera abordée.

En ce sens, le concept d'e-gouvernance adopté ici couvre l'utilisation des technologies électroniques dans les domaines de l'action publique indiqués par Knezevic (2007, p. 7), à savoir : la relation entre les autorités publiques et la société civile ; le fonctionnement des autorités publiques dans toutes les phases du processus démocratique (e-démocratie) ; et la fourniture de services publics (e-services publics).

En termes simples, l'e-gouvernance peut être comprise comme : - Permettre aux citoyens de choisir quand et où accéder aux informations et aux services gouvernementaux (PANZARDI et *al.,* 2002, p. 7 ; BUDHIRAJA, 2003, p. 1) ; - Permettre la fourniture de services et d'informations gouvernementaux au public par des moyens électroniques (PANZARDI et *al.,* 2002, p. 7 ; ODENDAAL, 2003, p. 586 ; GHOSH ; ARORA, 2005, p. 52 ; REZENDE ; FREY, 2005, p. 55) ; - permettre des relations avec leurs gouvernements, impliquant des aspects de communication civique, de développement politique et d'expression démocratique de la volonté (PANZARDI et *al...,* 2002,

p. 7 ; MARCHE ; MCNIVEN, 2003, p. 75 ; TRIPATHI, 2007, p. 194) ; - Être un moyen de participation pour le changement social (THOMAS, 2009, p. 24).

En résumé, l'e-gouvernance peut être comprise comme l'exercice de la gouvernance par des moyens électroniques, afin de faciliter un processus efficace, rapide et transparent de diffusion de l'information et d'exécution des activités administratives du gouvernement. Elle peut également apporter de nouveaux concepts de citoyenneté, en termes de besoins et de responsabilités des citoyens ; elle implique également de nouveaux styles de leadership, de nouvelles façons de débattre et de décider des politiques et des investissements, de l'accès à l'éducation, de l'écoute des citoyens et de l'organisation et de la fourniture d'informations et de services (UNESCO, 2005 ; 2007).

2.3.1.1 E-gouvernance ou e-gouvernement ?

Le concept d'e-gouvernance est controversé dans la littérature, car certains auteurs considèrent la gouvernance comme une composante de l'e-gouvernement (voir, par exemple : FANG, 2002 ; PANZORDI et al., 2002 ; SAIDI ; YARED, 2002 ; CHAHIN, 2004). Cependant, nous adoptons ici la perspective résumée dans la compréhension donnée par l'UNESCO (2005 ; 2007), puisqu'il est entendu que le gouvernement électronique ou e-gouvernement est la façon dont les institutions utilisent les TIC pour augmenter l'offre de services fournis par le gouvernement (OKOT-UMA, 2000), tandis que l'e-gouvernance englobe les politiques, les stratégies, les visions et les ressources nécessaires pour rendre le gouvernement électronique efficace, ainsi que l'organisation du pouvoir politique et social pour l'utiliser (RILEY, 2003).

L'e-gouvernance est généralement considérée comme un concept plus large que l'e-gouvernement, puisqu'elle peut conduire à un changement dans la manière dont les gouvernements et les citoyens se réfèrent l'un à l'autre (UNESCO, 2005). Alors que l'e-gouvernement implique la fourniture d'informations et de services gouvernementaux par des moyens électroniques, l'e-gouvernance permet la participation directe des électeurs à la gestion des activités.

Cette controverse survient alors que la croissance des TIC a donné naissance à une nouvelle phase de l'évolution du cycle économique dans le secteur privé, sous la forme du commerce électronique, et il n'est pas surprenant que les gouvernements aient commencé à répondre à ces changements avec leur propre forme de commerce électronique, communément appelée e-gouvernement (CHOUDRIE et al., 2004, p. 111). Les premières initiatives d'e-gouvernement ont eu lieu au milieu des années 1990, centrées sur la production et la diffusion d'informations via Internet, ce qui a donné lieu à un grand nombre de sites Web gouvernementaux contenant des informations statiques (OCDE, 2005, p. 11), et ce n'est qu'au début des années 2000 que la gouvernance électronique a commencé à être débattue.

Selon l'UNESCO (2005 et 2007) et Cunha et al. (2006, p. 4), la nécessité d'englober des concepts plus larges a conduit plus récemment à l'utilisation du terme "e-gouvernance" comme l'application des technologies de l'information et de la communication dans la gouvernance publique, en le séparant en domaines de l'administration électronique ou e-administration, des services électroniques ou e-services et de la démocratie électronique ou e-démocratie.

Dans cette thèse, l'e-gouvernance est considérée comme comportant les domaines ou dimensions de l'e-gouvernement et de l'e-démocratie, comme le montre la figure 1.

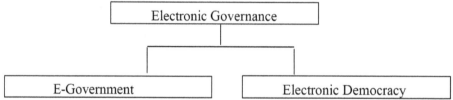

Figure 1 - Dimensions de la gouvernance électronique
Source : Mello (2009)

L'idée que l'e-gouvernance englobe l'e-gouvernement et l'e-démocratie (figure 2) a fait de nombreux adeptes, notamment : Holzer et Kim, 2005 ; Knezevic, 2007 ; Mimicopoulos et al., 2007 ; Paul, 2007. D'autres auteurs considèrent que l'e-gouvernance comprend l'e-démocratie, les e-services et l'e-administration (GROSH et al., 2004 ; UNESCO, 2005 ; 2007 ; KNIGHT ; FERNANDES, 2006 ; CUNHA et al., 2006) et il y a aussi ceux qui incluent l'e-business en plus de l'e-gouvernement et de l'e-démocratie (OKOT-UMA, 2000 ; 2005).

Mais pour Holzer et Kim (2005) et Mimicopoulos et al. (2007), l'e-gouvernement se compose de l'administration et des e-services, et pour Choudrie et al. (2004), les e-services sont synonymes d'e-business. Par conséquent, tous les auteurs cités convergent vers la même compréhension, à savoir que l'e-gouvernance comprend l'e-gouvernement et l'e-démocratie (Figure 2).

Il est donc important d'examiner ci-dessous le concept et certaines caractéristiques de l'e-gouvernement et de l'e-démocratie.

24

2.3.2.2 Administration en ligne

L'administration électronique en tant que mouvement mondial a débuté après le lancement de Mosaic, le premier navigateur permettant de naviguer facilement sur le web, en août 1993 par un groupe d'étudiants diplômés de l'Université de l'Illinois aux États-Unis. Le mouvement a été formalisé en janvier 1999, lorsque AL Gore, alors vice-président des États-Unis, a ouvert le premier Forum mondial sur la réinvention du gouvernement à Washington (CHAHIN et al., 2004, p. 15).

Selon Lofstedt (2005, p. 39), depuis la fin des années 1990, les gouvernements à tous les niveaux ont lancé des projets d'administration en ligne afin de fournir des informations et des services électroniques aux citoyens et aux entreprises. Phénomène historiquement récent, fruit d'un processus d'expérimentation qui s'est développé dans différentes parties du monde, il revêt de multiples visages. Il s'agit d'une construction indissociable d'un processus lié à la refonte de la géopolitique de l'information dans le cadre de la mondialisation (JARDIM, 2007, p. 29).

Ce qui suit est un résumé conceptuel de l'e-gouvernement accompagné d'une démonstration de son objectif, de son importance, de ses avantages et de ses défis dans l'environnement de l'administration publique :

Tableau 1 - Résumé conceptuel de l'administration en ligne

a) **Concernant le concept** : il n'existe pas de définition universellement acceptée de l'e-gouvernement (HALCHIN, 2004, p. 407), mais pour Georgescu (2008, p. 2), la définition la plus courante de l'e-gouvernement est l'utilisation des technologies numériques pour transformer les opérations gouvernementales afin d'améliorer l'efficacité, l'efficience et la prestation de services.
L'e-gouvernement implique l'utilisation des TIC, en particulier de l'Internet, pour fournir des informations publiques (SEALY, 2003 ; FERRER ; BORGES, 2004 ; GEORGESCU, 2008 ; LAU et al., 2008), pour fournir des services à la société et au gouvernement lui-même (OKOT-UMA, 2000 ; FOUNTAIN, 2003 ; FERRER ; BORGES, 2004 ; MAGALHÃES, 2007 ; GEORGESCU, 2008 ; LAU et al, 2008 ; MAUMBE et al., 2008), d'améliorer les processus internes (MAUMBE et al., 2008), d'intégrer les interactions et les interrelations entre le gouvernement et la société (GHOSH ; ARORA, 2005), en permettant à la société d'interagir et de recevoir des services 24 heures sur 24, sept jours sur sept (GEORGESCU, 2008).
On peut comprendre que l'e-gouvernement est la capacité de mettre des services à la disposition des citoyens, ainsi que la dynamisation des processus gouvernementaux, de manière intégrée, au moyen des TIC, dans un but d'intégration, de transparence, de gouvernabilité et de démocratie

(GARCIA, 2006, p. 81).

En résumé, l'e-gouvernement est un concept qui englobe les activités basées sur les TIC (en particulier l'Internet), que l'État met en œuvre pour améliorer, optimiser, fournir et rendre plus transparents les services offerts aux citoyens, accroître la participation des citoyens, transformer les relations internes et externes, augmentant ainsi l'efficacité de la gouvernance (RUELAS ; ARÁMBURO, 2006, p. 3).

Il convient de noter que l'e-gouvernement se compose de l'e-administration et des e-services (comme nous l'avons vu dans la section précédente), l'e-administration étant l'utilisation des TIC pour créer des référentiels de données pour les systèmes d'information de gestion et pour informatiser les dossiers, et les e-services étant la fourniture de services publics en ligne.

b) Concernant les objectifs : Selon Ruediger (2002, p. 1) et Cunha et al. (2006, p. 1), l'objectif de l'e-gouvernement est de promouvoir les pratiques de bonne gouvernance. Par conséquent, le développement de l'e-gouvernement vise à promouvoir l'universalisation (extension à tous les citoyens) de l'accès aux services publics ; l'intégration des systèmes, des réseaux et des données au sein de l'administration publique ; et la diffusion de l'information à la société via Internet (PANZARDI et al., 2002, p. 14).

En outre, une fonction essentielle de l'administration en ligne est l'accès à l'information et l'échange d'informations (JAEGER, 2005, p. 703), la restructuration des fonctions et des processus administratifs, l'élimination des obstacles à la coordination et à la coopération au sein de l'administration publique, le contrôle des performances du gouvernement et l'amélioration des relations entre les gouvernements et les citoyens (CIBORRA ; NAVARRA, 2005, p. 144).

c) En ce qui concerne l'importance : l'administration en ligne, menée efficacement, peut être un outil important pour des réformes institutionnelles profondes, pour une plus grande efficacité dans la fourniture de biens et de services du secteur public et dans les marchés publics ; en outre, c'est un instrument important pour la réalisation de la bonne gouvernance, parce qu'accompagnée d'investissements dans les TIC, elle peut être une source importante de productivité et de croissance économique, ainsi que de développement économique et démocratique de la région (SAIDI ; YARED, 2002, p. 2).

En outre, elle peut renforcer les institutions démocratiques car elle facilite le contrôle social (CHAHIN et al., 2004, p. XVII ; FERNANDES, 2004, p. 103), elle représente la possibilité d'aller de l'avant, de rendre à la société l'ensemble des informations détenues par l'État (CHAHIN et al., 2004, p. 55) et elle peut transformer l'administration publique, avec une amélioration substantielle de son organisation, de ses services et de ses relations avec la société (KNIGHT ; FERNANDES, 2006, p. 16).

d) Concernant les avantages : les avantages potentiels de l'administration en ligne sont aussi importants et variés que l'importance de l'administration dans la vie des personnes, des citoyens et des entreprises (SAIDI ; YARED, 2002, p. 6).

Selon (Ibid., p. 9-10), les mesures et les impacts des initiatives d'administration en ligne sont les suivants :

- dans le domaine de l'administration : des activités telles que les achats en ligne, les autorisations et les licences en ligne ont un impact sur la réduction des coûts, une meilleure gestion des ressources et l'amélioration des services ;

- dans le domaine de l'économie : activités liées aux politiques de promotion des TIC, à la concurrence entre les fournisseurs de services Internet et à la réduction des coûts de communication, à l'encouragement des investissements étrangers, au renforcement de l'industrie locale des technologies de l'information, à l'amélioration des procédures et à la réduction des impôts ;

- dans le domaine social : activités visant à soutenir l'apprentissage à distance, à élargir les connaissances, à renforcer l'autonomie des agriculteurs grâce à l'information et aux services offerts dans les kiosques et à l'évaluation des cours gratuits sur Internet, à améliorer l'éducation, à perfectionner les compétences et à renforcer l'autonomie des femmes ;

- dans le domaine politique : des activités telles que l'e-participation, le gouvernement connecté aux citoyens et la prise de décision conjointe avec le gouvernement, des réformes en matière de démocratisation, le renforcement de la responsabilité, l'accélération de la prise de décision, l'amélioration de la qualité de la prise de décision, l'augmentation de la transparence, la demande d'une formation accrue ; le renforcement de la capacité à enquêter, à développer et à mettre en œuvre des stratégies et des politiques et à s'orienter vers la réduction de la corruption.

e) **En ce qui concerne les défis** : bien qu'elle puisse faciliter le changement et créer des processus administratifs nouveaux et plus efficaces, l'administration en ligne ne résoudra pas tous les problèmes de corruption et d'inefficacité, ni ne surmontera tous les obstacles à la participation civique (GEORGESCU, 2008, p. 2). En outre, la capacité des TIC à atteindre les objectifs de développement ne sera pas effective sans un contenu qui réponde aux besoins des utilisateurs et aux conditions locales, comme la sophistication de l'utilisation, la sécurité, la confidentialité et l'accessibilité pour l'utilisateur (GHAPANCHI, 2007, p. 81).

Un autre défi à relever est que le gouvernement peut apparaître comme une organisation bienveillante, mais ce n'est pas toujours le cas, ce qui signifie que les gouvernements ou certaines parties d'entre eux pourraient utiliser les informations pour nuire aux citoyens. Les citoyens doivent être sûrs que leurs informations seront traitées dans un environnement extrêmement sûr par le gouvernement de leur choix. En outre, ils doivent être sûrs que les informations ne seront pas censurées ou manipulées (EVANS ; YEN, 2006, p. 212).

> Le défi consiste à faire évoluer la qualité et la performance de l'offre de services pertinents aux citoyens via l'internet, vers leur pleine capacité à effectuer des transactions complètes (CHAHIN et al., 2004, p. 54).

2.3.2.3 Démocratie électronique

Il est possible d'identifier dans la littérature divers termes liés au concept de démocratie électronique, tels que démocratie électronique, démocratie numérique, cyberdémocratie, démocratie en ligne ou même démocratie virtuelle, mais il est entendu que tous ces termes sont synonymes. Par conséquent, une définition concrète est essentielle pour aider à maintenir et à adapter le représentant quotidien de la démocratie à l'ère de l'information.

Selon Okot-Uma (2000, p. 6), l'e-démocratie désigne en général les processus et les structures qui englobent toutes les formes de communication électronique entre le gouvernement et le citoyen ou, dans une perspective plus étroite, entre les électeurs et les représentants élus. Lofstedt (2005, p. 45) élargit le débat en affirmant que l'e-démocratie se concentre sur l'utilisation des TIC pour soutenir le processus de prise de décision démocratique, permettant un engagement plus efficace et transparent entre le gouvernement, les entreprises et les citoyens.

L'e-démocratie est définie comme l'utilisation des ressources TIC pour promouvoir une augmentation du degré et de la qualité de la participation du public au gouvernement.

Dans ce contexte, Soares Jr. et Santos (2007, p. 4) précisent que les détracteurs de la participation politique au régime démocratique, les universitaires et d'autres membres de la société civile explorent le potentiel civique des technologies électroniques depuis les années 1960. Toutefois, il est important de noter que l'e-gouvernance dont il est question ici a commencé à être débattue avec la popularisation de l'internet et l'acceptation de l'e-gouvernement, c'est-à-dire au début des années 2000.

Aujourd'hui, il existe une variété de modèles proposés pour la démocratie électronique. Selon Soares Jr. et Santos (2007, p. 4), quatre modèles peuvent être mis en évidence dans la littérature :

- populiste : permet aux citoyens d'exprimer leur opinion sur les affaires courantes par le biais d'un débat en ligne entre les électeurs et les personnes au pouvoir, et est souvent comparée à la démocratie directe ;

- la société civile : se réfère à la transformation de la culture politique et vise à renforcer les

28

liens entre les citoyens et à promouvoir un espace solide et autonome pour le débat public, impliquant un processus plus profond de transformation culturelle rendu possible par les TIC et présent dans la société de l'information d'aujourd'hui ;

- la gestion de l'information : elle vise à améliorer l'efficacité de la communication entre les citoyens et les décideurs, la disponibilité et la facilité d'accès aux comptes publics et aux autres publications gouvernementales pouvant permettre aux citoyens d'être mieux informés ;

- bureaucratie électronique : il s'agit de la diffusion d'informations et de la fourniture de services publics via Internet. L'objectif est d'optimiser les transactions gouvernementales en faveur de la société, ce qui conduit à une réduction progressive de la taille du secteur public, car les utilisateurs finissent par opter intuitivement pour la bureaucratie électronique, dans laquelle les nouvelles technologies facilitent l'interaction entre l'individu et l'administration publique.

Il est possible de constater un certain rapprochement entre les modèles populiste et de la société civile, typiques de l'e-démocratie, et les modèles de gestion de l'information et d'e-bureaucratie, qui font partie du concept d'e-gouvernement. Bien que les quatre modèles présentés aient des caractéristiques spécifiques et des applications différentes, les modèles de gestion de l'information et de bureaucratie électronique semblent être directement liés à l'intégration et à l'aide à la décision dans les actions gouvernementales (SOARES Jr. ; SANTOS, 2007).

Ce qui suit est un résumé conceptuel de la démocratie électronique accompagné d'une démonstration de son objectif, de son importance, de ses avantages et de ses défis dans l'environnement de l'administration publique :

Tableau 2 - Résumé conceptuel de la démocratie électronique

a) **En ce qui concerne l'objectif** : il s'agit d'aider les citoyens, de manière souple, à participer à la vie publique par le biais des technologies de l'information (MOON, 2002, p. 425 ; CABRI et al., 2005, p. 87 ; RUELAS ; ARÁMBURO, 2006, p. 9). Les initiatives en ce sens peuvent inclure des forums, des réunions, des consultations, des référendums, des votes, des décisions réglementaires et toute autre forme de participation électronique.
Soares Jr. et Santos (2007, p. 3) ajoutent que la démocratie électronique vise également à permettre aux citoyens d'accéder aux informations et aux connaissances du gouvernement sur les services, les politiques et les ressources disponibles et permettent de passer d'un modèle plus passif de recherche d'informations à un modèle plus actif de participation, impliquant différentes formes de représentation et de participation populaire.
b) **En termes d'importance** : la démocratie électronique est un domaine important et significatif

car elle offre aux citoyens les moyens de participer au processus démocratique. Pour garantir son succès, il faut donc développer des modèles, des méthodes et des théories et adopter une approche centrée sur le citoyen (LOFSTEDT, 2005, p. 45).

Cela se justifie par le fait que des citoyens mieux informés peuvent mieux exercer leurs droits, remplir leurs rôles, exercer leurs responsabilités et définir leurs relations ; et les citoyens, en tant que consommateurs, s'attendent à être impliqués dans le processus de mise en place de services répondant à leurs besoins et à recevoir un meilleur service de la part du gouvernement (OKOT-UMA, 2000, p. 7).

c) **En ce qui concerne les avantages** : le principal avantage de la démocratie électronique est le renforcement de la démocratie elle-même, en permettant à tous les segments de la société de participer au gouvernement. Elle se concentre également sur l'amélioration de la transparence, de la responsabilité et de la participation (MIMICOPOULOS et al., 2007, p. 8). Elle implique une participation et un engagement plus importants et plus actifs des citoyens dans le processus de prise de décision (OKOT-UMA, 2000 ; UNESCO, 2007).

En outre, pour Saidi et Yared (2002, p. 23), les TIC peuvent contribuer à l'autonomisation politique des minorités, renforcer la participation au processus politique, améliorer les performances et la responsabilité des élus, améliorer l'accès au gouvernement, aux services et à la diffusion des connaissances.

d) **par rapport aux défis** : les gouvernements devraient fournir aux citoyens un accès à l'information et à la connaissance du processus politique, des services, des choix et des options disponibles. Le défi consiste à permettre la transition d'un accès passif à l'information à une participation active des citoyens, en les informant, en les représentant, en les encourageant à voter, en les consultant et, enfin, en les faisant participer activement (SAIDI ; YARED, 2002, p. 23).

Outre la faisabilité technologique nécessaire à sa diffusion, d'autres défis entourent la mise en œuvre et la maintenance de la démocratie électronique. Selon Soares Jr. et Santos (2007, p. 3), ces facteurs sont les suivants :

- la capacité à gérer les intérêts politiques dans les systèmes actuels ;

- la création d'une éducation plus civique qui permette aux citoyens d'utiliser les outils de la démocratie électronique et les motive à le faire ;

- le renforcement des institutions pour contrebalancer et compenser les dangers inhérents à la prise de décision par référendum de masse ou par participation directe.

Ainsi, connaissant les caractéristiques de l'e-gouvernement et de l'e-démocratie, nous pouvons développer ces caractéristiques en discutant du rôle de l'e-gouvernance.

2.3.3 Le rôle de la gouvernance électronique

Sur la base du concept proposé par l'UNESCO (2005), l'objectif principal de l'application de l'e-gouvernance est d'améliorer la bonne gouvernance, étant donné que les progrès récents des technologies de l'information et de la communication, en particulier l'Internet, offrent des possibilités de transformer les relations entre les gouvernements et les citoyens d'une nouvelle manière, contribuant ainsi à la réalisation des objectifs de la bonne gouvernance. L'utilisation des TIC peut accroître la participation des citoyens au processus de gouvernance à tous les niveaux, impliquer le gouvernement dans la recherche de meilleurs services en termes de temps, rendre la gouvernance plus efficace et plus efficiente, avec la possibilité de réduire les coûts de transaction et de rendre les services publics plus accessibles.

l'avenir, la gouvernance électronique pourrait faire émerger de nouveaux concepts de citoyenneté en termes de besoins et de responsabilités des citoyens. Son objectif est de développer, d'habiliter et de responsabiliser les citoyens (UNESCO, 2005), mais pour cela, selon Waisanen (2002, p. 7) et Rezende et Frey (2005, p. 56), il ne suffit pas de gérer la technologie, mais aussi de gérer le changement organisationnel.

Dans ce contexte, l'e-gouvernance apporte une dimension pratique aux études organisationnelles, en encourageant l'interaction intra et intergouvernementale, en cherchant à optimiser les processus internes et en offrant un soutien TIC aux gestionnaires publics, favorisant ainsi la formulation de politiques publiques plus efficientes, efficaces, durables, transparentes, équitables et institutionnellement articulées (SOARES Jr. ; SANTOS, 2007, p. 12).

Il est important de noter que la mise en œuvre et l'amélioration de la gouvernance électronique se heurtent à des difficultés, notamment d'ordre organisationnel (GOMES, 2004 ; GHOSH ; ARORA, 2005) ; les questions juridiques et la redéfinition des règles et des procédures ; l'infrastructure, car si elle est inadéquate, elle peut constituer un obstacle majeur à l'intégration de sites géographiquement dispersés ; la collaboration interdépartementale, sans laquelle l'e-gouvernance ne peut réussir ; une tendance à résister au changement dans la culture du travail ; la confidentialité et la sécurité ; la transparence et l'accès à la bonne information (GHOSH ; ARORA, 2005, p. 53). En outre, les critères d'accessibilité, de qualité et de confidentialité sont également considérés comme des défis à relever par la gouvernance électronique (CHOUDRIE et al., 2004, p. 111).

Ainsi, corroborant ce qui précède, Budhiraja (2003, p. 1) explique que, les technologies permettant de mettre en œuvre la gouvernance électronique étant déjà disponibles, les questions de gestion deviennent plus évidentes et plus fondamentales, car il est nécessaire de changer la mentalité des gens, en particulier au niveau des chefs de la bureaucratie et des décisions politiques.

Par conséquent, le défi principal est la nécessité pour le gouvernement de promouvoir des changements dans sa culture et sa structure, afin de permettre une large diffusion de l'information, de renforcer la citoyenneté et la participation politique à la prise de décision (ARAÚJO ; GOMES, 2004, p. 8 ; ARAÚJO ; LAIA, 2004, p. 1).

2.4 - PRATIQUES D'E-GOUVERNANCE POUR LES MUNICIPALITÉS DE RONDÔNIA.

Selon l'étude de Mello (2009), dans les 27 États de la Fédération plus Mello et Slomsky et afin de faciliter la compréhension, la structure des pratiques de gouvernance électronique adoptées dans cette thèse sera traitée, qui a pris en compte l'approche adoptée par Holzer et Kim (2005), Mello (2009), Mello et Slomski (2010) et Souza, Fábia Jaiany Viana de (2014), avec les pratiques de : "contenu", "services", "participation des citoyens", "vie privée et sécurité" et "utilisabilité et accessibilité".

Certaines adaptations ont été apportées aux variables proposées par Mello et Slomski (2010) pour tenir compte de la réalité des municipalités, qui diffère de celle des Etats. Ces modifications incluent : le changement des variables relatives à la législation municipale (PCon3, PServ 6), à la compétence fiscale (P Serv9, PServ10, PServ14).

Les paragraphes suivants traitent de chacun des cinq sous-groupes de pratiques qui constituent la structure de gouvernance électronique des municipalités de l'État de Rondônia :

2.4.1 Pratiques de gouvernance électronique

Pratique du contenu : le contenu est un élément essentiel de tout site web, car peu importe que la fonctionnalité du site soit technologiquement avancée si son contenu n'est pas à jour ou si les informations ne sont pas correctes.

Selon Holzer et Kim (2005, p. 30), les pratiques en matière de contenu peuvent être divisées en cinq domaines fondamentaux : l'accès aux informations de contact, les documents publics, les déficiences d'accès, les informations sensibles et les documents multimédias. Toutefois, il a été décidé de ne pas traiter le domaine des difficultés d'accès dans cette section, mais de l'inclure dans les pratiques relatives à la facilité d'utilisation et à l'accessibilité.

a) Informations de contact : Le gouvernement doit mettre à disposition des informations

32

qui permettent aux citoyens et aux entreprises de le contacter facilement, ce qui peut se faire par le biais d'une liste de liens vers des organismes internes et externes, la localisation des bureaux, des agences, des secteurs, etc., le contact avec les heures d'ouverture, l'adresse, les noms, etc. (HOLZER ; KIM, 2005 ; SCHUELE, 2005) et des informations sur l'agenda du gestionnaire et les politiques de l'institution (EISENBERG, 2004).

b) Documents publics : selon Knight et Fernandes (2006, p. 20), le gouvernement devrait promouvoir l'ouverture des informations provenant des systèmes informatisés d'aide à la gestion de l'administration publique en vue d'une diffusion continue sur l'internet, au moyen de rapports contenant des informations structurées d'intérêt public.

La divulgation d'informations aux citoyens devrait être une pratique continue et obligatoire pour tous les organes de l'administration publique, couvrant toutes les unités administratives, tous les projets et toutes les activités.

Le gouvernement doit rendre les documents publics disponibles de manière à ce que les citoyens et les entreprises puissent les consulter sur le site web lui-même ou les copier/télécharger. Les pratiques liées aux documents publics qui devraient être envisagées sont les suivantes : - les codes et règlements municipaux (HOLZER ; KIM, 2005) ; - les informations budgétaires, les rapports comptables, les annexes aux lois, etc. (HOLZER ; KIM, 2005 ; KNIGHT ; FERNANDES, 2006) et les informations sur les appels d'offres en cours, les avis publics, etc, 2006 ; BRAGA, 2007 ; TRIPATHI, 2007) ; - Autorisation de copier des documents (HOLLIDAY, 2002 ; HOLZER ; KIM, 2005) ; - Références correctes, absence de fautes de frappe, d'orthographe ou de grammaire ; identification de la propriété intellectuelle, identification des sources ou des responsables, moyens d'établir un contact ; contenu en langage clair, ton professionnel, absence de parti pris dans le discours et informations exemptes de publicité (VILELLA, 2003).

c) Informations sensibles : les informations sensibles concernent la gestion des urgences, l'utilisation du site comme mécanisme d'alerte en cas de problèmes (naturels ou causés par l'homme), la publication d'offres d'emploi, un calendrier des événements communautaires (HOLZER ; KIM, 2005 ; TRIPATHI, 2007), un panneau d'affichage/d'information, etc. (NAVARRO et al., 2007).

Le gouvernement devrait utiliser ses sites web pour rendre l'information disponible, mais une politique de communication appropriée devrait être développée, avec une responsabilité formelle attribuée pour le contenu et la mise à jour des pages (CHAHIN et al., 2004, p. 68).

33

Selon Knight et Fernandes (2006, p. 18-19), le gouvernement devrait développer ou étendre et améliorer les guichets électroniques de l'emploi dans les municipalités, en unifiant le marché du travail, en réduisant les coûts de transaction et en élargissant les possibilités d'emploi pour les citoyens en établissant un portail Internet pour interconnecter les bases de données de toutes les unités du système national de l'emploi - SINE. Garantir la fourniture d'informations sur les possibilités d'emploi et de formation et de ressources pour l'envoi de CV et de demandes d'emploi par les parties intéressées.

d) Matériel multimédia : la municipalité doit mettre à disposition sur son site web des fichiers audio et vidéo d'événements publics, de conférences, de réunions, etc. et permettre l'utilisation de certaines technologies sans fil (HOLZER ; KIM, 2005, p. 105).

La pratique des services : Traditionnellement, l'interaction entre le citoyen ou l'entreprise et le gouvernement a lieu dans un bureau gouvernemental. Avec le développement de l'internet, il est possible de rapprocher les centres de services des utilisateurs, ce qui peut impliquer de mettre les services publics à la disposition des citoyens directement à leur domicile, de permettre l'achat de produits et de services plus rapidement et à moindre coût, ainsi que d'utiliser de grands réseaux pour partager l'information.

Le développement, la croissance et l'amélioration des services offerts par l'administration en ligne sont largement dus aux multiples avantages qu'en retirent le gouvernement, les citoyens et les entreprises. En particulier, il améliore l'efficacité en rationalisant les procédures bureaucratiques, en réduisant les coûts de transaction et en utilisant les ressources de manière productive, en permettant des réponses rapides, en augmentant la couverture et la qualité de ses services et en améliorant également les relations entre les citoyens/entreprises et le gouvernement (RUELAS ; ARÁMBURO, 2006, p. 3).

Selon Holzer et Kim (2005, p. 30), les pratiques de service peuvent être divisées en deux types différents : les services qui permettent aux utilisateurs d'interagir avec l'organisation ; les services qui permettent aux utilisateurs de s'inscrire à des événements ou à des services.

a) Services permettant aux utilisateurs d'interagir avec la municipalité : les pratiques permettant l'interaction entre les citoyens et les entreprises et la municipalité sont fondamentales pour la gouvernance, car elles représentent la possibilité d'accéder à l'information, de formuler des plaintes ou des suggestions. Les pratiques qui permettent aux utilisateurs d'interagir avec la municipalité peuvent être résumées comme suit : -Mécanisme de demande d'informations (EISENBERG, 2004 ; HOLZER ; KIM, 2005) ; -Page d'accueil personnalisée pour faciliter l'accès des citoyens (HOLZER ; KIM, 2005) ; -Accès à des informations privées à l'aide de mots de passe, telles que le casier judiciaire, le dossier scolaire, le dossier médical, l'état civil, etc. (TRIPATHI, 2007) ; -Identification de la personne responsable ou gérant le site en vue d'un éventuel contact ou d'une responsabilisation (HOLZER ; KIM, 2005) ; -Disponibilité de rapports sur les violations des lois et règlements administratifs (HOLZER ; KIM, 2005) ; -Mécanismes de soumission, de suivi et d'élimination des plaintes du public (TRIPATHI, 2007) ; -Diffusion de nouvelles et d'informations sur les politiques publiques (PARREIRAS et al............................ 2004), 2004).

b) les services permettant aux utilisateurs de s'inscrire à des événements ou à des services : Ces pratiques concernent la capacité de la municipalité à permettre aux citoyens et aux entreprises d'accéder aux services, de s'y inscrire et de les payer, ainsi que les mécanismes permettant à la municipalité d'acheter des produits et des services. Cela peut se faire par l'octroi de licences, l'obtention de documents, de certificats, le paiement de taxes, les achats électroniques, etc.

Les pratiques qui permettent aux utilisateurs de s'inscrire à des événements ou à des services peuvent être résumées comme suit : -Paiement des impôts : impôts, taxes, contributions d'amélioration, amendes, etc. (HOLZER ; KIM, 2005 ; KNIGHT ; FERNANDES, 2006 ; TORRES et al., 2006). Cette pratique devrait permettre d'accéder à l'information, de remplir des formulaires, de calculer l'impôt et les éventuelles amendes et intérêts, y compris le paiement en ligne (SILVA FILHO ; PEREZ, 2004 ; TORRES et al., 2006 ; TRIPATHI, 2007), 2006 ; TRIPATHI, 2007) ; - Capacité de permettre aux citoyens et/ou aux entreprises de s'inscrire à des services en ligne (HOLZER ; KIM, 2005) ; -Capacité d'octroyer des licences, des enregistrements ou des permis, tels que : licences sanitaires, licences/enregistrements pour chiens et autres animaux, licences d'ouverture et de fermeture d'établissements, permis de construire, etc, (HOLZER ; KIM, 2005 ; TORRES et al., 2006) ; -obtention de documents par voie électronique, tels que demandes et certificats fiscaux, factures électroniques, etc. (TORRES et al., 2006) ; -achat de billets pour des événements, etc. (HOLZER ; KIM, 2005 ; TORRES et al., 2006), (HOLZER ; KIM, 2005 ; TORRES et al., 2006) ; - Portail électronique de passation de marchés par l'organisation d'enchères en ligne - pregão electrónico, qui consiste en une vente aux enchères sur Internet pour des négociations automatiques et ouvertes entre les organismes municipaux, les acheteurs et les fournisseurs du secteur privé (SANCHEZ, 2005 ; KNIGHT ; FERNANDES, 2006) ; -Publicisation des appels d'offres : publication sur le site web de la municipalité des avis d'appels d'offres ouverts et de leurs résultats respectifs (KNIGHT ; FERNANDES, 2006).

Pratiquer la participation citoyenne : selon Holzer et Kim (2005, p. 31), la participation citoyenne en ligne reste le domaine le plus récent dans l'étude de la gouvernance électronique. Même si l'internet est un mécanisme pratique permettant aux citoyens-utilisateurs de s'impliquer dans le gouvernement et donc d'influencer la décentralisation de la prise de décision, des efforts considérables sont nécessaires de la part du gouvernement et des citoyens pour mettre en œuvre et maintenir ces pratiques, garantissant ainsi leur institutionnalisation.

Les pratiques liées à la participation des citoyens concernent les possibilités de participation civique en ligne, c'est-à-dire la possibilité pour les utilisateurs de contacter les gestionnaires, de prendre part aux discussions sur les problèmes économiques et sociaux, le budget, la planification, de recevoir un retour d'information de la part des gestionnaires et de leurs conseillers, d'avoir accès aux bulletins d'information, de pouvoir faire des suggestions, de critiquer des questions générales et spécifiques, etc.

Les pratiques permettant d'identifier la participation des citoyens sont les suivantes : -bulletin d'information en ligne (HOLZER ; KIM, 2005) ; -information sur la gouvernance (HOLZER ; KIM, 2005) ; -mise à disposition d'une adresse électronique de contact (HOLZER ; KIM, 2005 ; NAVARRO et al., 2007).

Créer les instruments nécessaires pour répondre efficacement et rapidement au courrier électronique. La manière dont une administration traite les courriels entrants et permet l'accès à des avis d'information automatiques en fonction des préférences des citoyens permettra de différencier les administrations populaires de celles qui sont perçues comme étant en décalage. Mettez en place une politique claire de réponse aux courriels, en commençant par la politique de réponse automatique, avec l'heure et la date de réception, le délai estimé pour la réponse, ce qu'il faut faire si la réponse n'est pas reçue et une copie du message d'origine. Donnez aux gens les outils qui les aideront à se responsabiliser (CLIFT, 2003, p. 6-7).

-(HOLZER ; KIM, 2005 ; NAVARRO et al., 2007). L'utilisation de ces outils en ligne pour discuter de questions politiques, économiques et sociales avec des élus, des organismes spécifiques, des experts, etc. facilite le dialogue entre le gouvernement et les citoyens, avec une réelle possibilité de participation. L'organisation de réunions virtuelles peut permettre aux représentants de communiquer avec leurs électeurs. Le gouvernement devrait mettre à disposition une salle publique sur son site web, permettant aux citoyens de communiquer de manière interactive avec leurs dirigeants. Ils pourraient ainsi donner leur avis, poser des questions, critiquer ou faire des suggestions au gouvernement et à son appareil sur le processus de développement. Procéder à des consultations publiques en tant qu'étape du processus de prise de décision politique, chaque fois qu'il existe un impact direct prévisible sur des secteurs spécifiques de la société ou lorsque la complexité et/ou la pertinence du sujet justifient l'ouverture d'un dialogue. L'avantage pour les gouvernants sera de pouvoir identifier les besoins et les aspirations des citoyens (ROSE, 2004, p. 222) ;

-Ordres du jour des réunions ou calendriers des discussions (HOLZER ; KIM, 2005 ; NAVARRO et al., 2007). Annoncer toutes les réunions publiques de manière systématique et fiable. Indiquez l'heure, le lieu, l'ordre du jour et les informations relatives au témoignage, à la participation, à l'observation ou aux options des citoyens ;

Mener des enquêtes ou des sondages brefs ou plus détaillés sur la satisfaction, l'opinion, les préférences et les suggestions, pour vérifier la perception qu'ont les citoyens des services fournis et de la structure de gouvernance électronique elle-même (HOLZER ; KIM, 2005 ; BERTOT ; JAEGER, 2008) ; -Un canal spécifique pour soumettre des plaintes (KNIGHT ; FERNANDES, 2006) ; -Des informations biographiques, e-mail, téléphone, photographie, adresse pour contacter les élus et les membres du gouvernement (TORRES et al.), Fournissez un lien spécifique vers la "démocratie" ou la "participation citoyenne" sur la page principale de votre site web, qui vous conduit à une section spéciale détaillant l'objectif et la mission des unités publiques, les décideurs de haut niveau, permettant des liens vers la législation, le budget et d'autres détails de l'information sur la responsabilité. Donner aux citoyens des informations réelles sur la meilleure façon d'influencer le cours des politiques publiques. Cela pourrait inclure des liens vers les parlementaires, les commissions et les organisations (CLIFT, 2003).

Pratiques en matière de protection de la vie privée et de sécurité : les utilisateurs peuvent être disposés à sacrifier une partie de leur vie privée et à échanger certaines informations personnelles en échange de récompenses reconnaissables, telles que des informations qui répondent à leurs besoins ou à leurs préférences. Mais même s'ils sont prêts à renoncer à une partie de leur vie privée, ils doivent être assurés que leurs informations personnelles ne seront pas utilisées d'une manière non approuvée (PIETERSON et al., 2007, p. 57).

Manber et al. (2000) proposent donc deux solutions pour résoudre ces problèmes : l'utilisation de mots de passe, le cryptage des données sensibles, les procédures d'audit, l'évaluation de la sécurité des données et des questions de vie privée. En outre, pour Bonett (2004), les organisations devraient publier sur leur site web une déclaration de confidentialité décrivant les types d'informations collectées et les politiques d'utilisation et de partage des informations personnelles.

En ce qui concerne la sécurité, les informations disponibles doivent être protégées contre l'accès non autorisé, la manipulation et l'utilisation abusive, tout en étant compatibles avec l'application des exigences et des souhaits des utilisateurs. Si les utilisateurs estiment qu'un environnement virtuel est aussi sûr qu'un environnement physique, ils préféreront certainement interagir avec le gouvernement par voie électronique (GHAPANCHI, 2007, p. 81). En outre, les utilisateurs doivent être convaincus de la confidentialité des communications et des données. Si les citoyens sont convaincus que leurs données et leurs communications ne seront pas accessibles à d'autres personnes ou organisations, leur participation augmentera (Ibid., p. 81).

Dans ce contexte, Holzer et Kim (2005, p. 26) suggèrent que l'examen des pratiques en matière de protection de la vie privée et de sécurité soit divisé en deux domaines : les politiques de protection de la vie privée et l'authentification de l'utilisateur.

a) En bref, une déclaration de confidentialité doit être disponible, les utilisateurs doivent pouvoir consulter les données personnelles et contester les enregistrements incomplets ou erronés, des moyens doivent être fournis pour limiter l'accès aux données, déposer des plaintes, etc.

Pour une meilleure compréhension, voici les pratiques liées aux politiques de protection de la vie privée : -Déclaration de confidentialité sur le site web, décrivant les types d'informations collectées et les politiques d'utilisation et de partage des informations personnelles (HOLZER ; KIM, 2005), identifiant les collecteurs d'informations, disponible sur toutes les pages qui acceptent les données (HOLZER ; KIM, 2005) et indiquant la date à laquelle la politique de confidentialité a été révisée (SCHUELE, 2005) ; possibilité de réduire la divulgation d'informations personnelles, avec la possibilité d'entrer et de sortir de la fourniture d'informations (HOLZER ; KIM, 2005 ; SCHUELE, 2005) ; -possibilité pour l'utilisateur d'examiner les données personnelles et de contester les enregistrements d'informations incomplètes ou erronées (HOLZER ; KIM, 2005 ; SCHUELE, 2005) ; -possibilité pour l'utilisateur d'examiner les données personnelles et de contester les enregistrements d'informations incomplètes ou erronées (HOLZER ; KIM, 2005 ; SCHUELE, 2005 ; SCHUELE, 2005) ; KIM, 2005 ; SCHUELE, 2005) ; - Pratiques d'information avant toute collecte d'informations personnelles, mettant en évidence l'entité qui obtient les informations, le but de la collecte, les destinataires potentiels, la nature des informations, les moyens de collecte, le caractère volontaire ou obligatoire des informations et les conséquences d'un refus de les fournir (SCHUELE, 2005) ; -les mesures de gestion qui limitent l'accès aux données et garantissent qu'elles n'ont pas été utilisées à des fins non autorisées, telles que l'utilisation de mots de passe, le cryptage des données sensibles et les procédures d'audit (HOLZER ; KIM, 2005) ; - l'adresse de contact ou de courrier électronique pour les plaintes, les critiques, etc. (HOLZER ; KIM, 2005).

b) Authentification de l'utilisateur : Lorsqu'on examine les pratiques liées à l'authentification de l'utilisateur, la principale considération est de savoir comment accéder à l'utilisateur en toute sécurité, d'où la nécessité d'utiliser des signatures électroniques ou un certificat électronique, que l'on peut définir comme une attestation électronique qui relie les données de vérification de la signature à une personne et confirme son identité (HAYAT et al., 2005, p. 169). Ce certificat électronique est lié à l'utilisateur de manière à ce qu'il puisse être identifié de manière unique, et ce en formant un lien solide à l'aide de techniques cryptographiques. L'identification unique permet d'éviter le rejet de toute transaction effectuée par l'utilisateur. Un certificat électronique numérique devient le pendant d'un document d'identité visuel (Ibid., p. 169).

Ainsi, les pratiques liées à l'authentification des utilisateurs peuvent être expliquées comme suit : -Accès à des informations publiques par le biais d'une zone restreinte nécessitant un mot de passe et/ou un enregistrement, comme l'utilisation de signatures numériques pour identifier les utilisateurs (HAYAT et al., 2005 ; HOLZER ; KIM, 2005) ; -Accès à des informations non publiques pour les serveurs par le biais d'une zone restreinte nécessitant un mot de passe et/ou un enregistrement (HOLZER ; KIM, 2005).

Pratiques en matière de convivialité et d'accessibilité : sur la plupart des sites web des administrations municipales, la cohérence entre les sites et les services n'est pas une priorité absolue. Pourtant, les utilisateurs ont tendance à s'attendre à ce que des informations soient disponibles et à ce qu'elles soient localisées. Pour répondre aux attentes des utilisateurs, les services d'administration en ligne devraient être présentés de manière plus cohérente dans leur conception, leur organisation et leur contenu (BERTOT ; JAEGER, 2008, p. 150).

Selon Fang (2002, p. 124), les sites web doivent être conçus et exploités de manière à ce que la plupart des utilisateurs inexpérimentés puissent facilement trouver les informations dont ils ont besoin, fournir les informations demandées et effectuer toutes les opérations liées à la gouvernance électronique.

En ce qui concerne l'accessibilité, cette approche vise une inclusion maximale, à la fois en termes de personnes qui utilisent les sites web et de technologies utilisées dans le processus.

Cela signifie que les sites web doivent être conçus de manière à être accessibles au plus grand nombre, indépendamment de l'âge, de l'origine ethnique, du sexe, du handicap, de l'éducation, du revenu, de la culture et de la religion (WITT ; MCDERMOTT, 2004).

Ainsi, sans une plus grande accessibilité des sites web, les personnes seront exclues des avantages de l'administration en ligne, voire de la base des services publics à l'avenir. Il est donc essentiel d'améliorer l'accessibilité pour protéger l'égalité des droits humains d'un grand nombre de personnes handicapées et pour assurer un développement sain et stable de l'administration en ligne (SHI, 2007, p. 380).

En ce qui concerne les pratiques d'utilisation, Holzer et Kim (2005, p. 28) suggèrent d'examiner trois domaines distincts : les pages traditionnelles, les formulaires et les outils de recherche.

De plus, l'inclusion de l'accessibilité dans cette section a ouvert un autre domaine, celui du handicap d'accès.

a) Pages traditionnelles : lors de l'examen de ces pratiques, les municipalités devraient considérer celles qui facilitent le processus de navigation et la compréhension du contenu affiché ; à cette fin, Holzer et Kim (2005) et Navarro et al, (2007) notent que les municipalités devraient introduire les pratiques suivantes : taille de la page d'accueil, un maximum de deux longueurs d'écran étant le plus approprié ; public cible spécifique, avec des canaux personnalisés pour des groupes spécifiques, tels que les citoyens, les entreprises ou d'autres organismes publics ; barre de navigation : éléments regroupés dans la zone de navigation, termes clairs utilisés pour définir les options de navigation par catégorie, icônes de navigation pour une reconnaissance immédiate de la classe d'éléments, liens identifiés, etc.

D'autre part, Braga (2007), Torres et al. (2006) et Holzer et Kim (2005) complètent ce point en affirmant que les municipalités devraient présenter : un plan ou un aperçu de tous les sites ; la formation des pages avec des couleurs standard et cohérentes (HOLZER ; KIM, 2005), avec des styles de police appropriés, le formatage du texte, la visibilité des éléments, des critères pour l'utilisation des logos, etc, (PARREIRAS et al., 2004) ; les textes doivent être soulignés pour indiquer les liens ; la date de la dernière mise à jour des pages ; un lien vers des informations sur le gouvernement, avec la possibilité de le contacter, avec l'adresse, le téléphone, le fax et l'e-mail.

b) Formulaires : Les formulaires disponibles sur le site web des municipalités doivent être organisés de manière à être faciles à remplir, à prendre peu de temps et à permettre de corriger les erreurs ; à cette fin, les municipalités doivent mettre en place les pratiques suivantes en matière de

40

formulaires : -Fournir des versions alternatives des documents longs, telles que des fichiers .pdf ou .Les municipalités devraient donc mettre en place les pratiques suivantes en matière de formulaires : -fournir des versions alternatives des documents longs, comme les fichiers .pdf ou .doc (HOLZER ; KIM, 2005) ; -permettre l'accès aux champs du formulaire par des touches ou le curseur ; identifier clairement les champs obligatoires ; rendre logique l'ordre des onglets des champs, c'est-à-dire qu'en appuyant sur la touche "tab", on passe au champ suivant (HOLZER ; KIM, 2005) ; -fournir des informations sur la manière d'identifier et de corriger les erreurs soumises (HOLZER ; KIM, 2005 ; TORRES et al.., 2006).

c) En d'autres termes, les municipalités devraient mettre en place les pratiques suivantes en matière d'outils de recherche : - disposer d'un site de recherche ou d'un lien sur le site web du gouvernement (TORRES et al... 2006) ; - disposer de son propre moteur de recherche, permettant d'effectuer des recherches spécifiques, par département, sur l'ensemble du site web, etc, 2006) ; - avoir son propre moteur de recherche, permettant d'effectuer des recherches spécifiques, par département, sur l'ensemble du site, etc. ; avec des fonctions de recherche avancées, telles que l'utilisation de mots, de phrases exactes, de combinaisons, etc. ; avec la possibilité de classer les résultats de la recherche en fonction de la pertinence ou d'autres critères (HOLZER ; KIM, 2005 ; BRAGA, 2007 ; NAVARRO et al., 2007).

d) **Handicap d'accès :** le gouvernement doit permettre aux personnes ayant des besoins particuliers d'accéder au contenu et aux services. À cette fin, le gouvernement devrait au moins faire en sorte qu'un service téléphonique soit identifié sur le site afin que les malentendants puissent l'utiliser, il devrait disposer d'un mécanisme d'aide à l'accès pour les malvoyants (HOLZER ; KIM, 2005) et le contenu du site devrait être proposé en plusieurs langues (HOLZER ; KIM, 2005).

En outre, les textes utilisant certaines polices peuvent poser des problèmes aux personnes malvoyantes et l'utilisation de certaines couleurs et de certaines combinaisons pose souvent des difficultés à ces personnes. L'utilisation de contenus audio, sans transcription écrite ou sous-titres, pose des problèmes aux utilisateurs sourds. Les personnes à mobilité réduite peuvent rendre l'utilisation de la souris impossible ou extrêmement difficile (SHI, 2007, p. 379).

En résumé, les pratiques en matière de handicap d'accès sont les suivantes : Fournir un mécanisme d'accès pour les personnes ayant des besoins particuliers ; -Fournir le contenu du site dans plus d'une langue ; -La présentation des textes écrits doit se faire avec des polices et des couleurs appropriées ; -Fournir le contenu audio avec des transcriptions écrites ou des sous-titres ; -Autoriser l'accès au site et à son contenu via le clavier de l'ordinateur.

De cette façon, les services déjà consolidés ne risquent pas d'être suspendus, étant donné leur importance, mais un ensemble de services mis à disposition sur le web ne constitue pas un processus d'e-gouvernance efficace. Il faut surtout une direction, qui cherche à explorer objectivement de nouvelles formes d'insertion civique dans les affaires municipales, en restructurant les processus de gouvernement afin de transformer l'e-gouvernance en un canal de gestion efficace et démocratique pour les organismes publics.

CHAPITRE 3

MOYENS ET MÉTHODES

La recherche est définie comme le processus de formulation d'un problème, d'élaboration d'hypothèses et d'identification des relations entre les variables, dans le but de découvrir des réponses grâce à l'utilisation de procédures scientifiques. Lakatos et Marconi (2003, p. 155) citent Ander-Egg (1978) qui conçoit la recherche comme "une procédure réflexive et systématique, contrôlée et critique, qui permet de découvrir de nouveaux faits ou données, des relations ou des lois, dans n'importe quel domaine de la connaissance".

Les procédures méthodologiques utilisées dans la recherche sont les suivantes :

3.1 Type de recherche

Beuren *et al.* (2003) suggèrent que la recherche doit être décrite en termes d'objectifs, de procédures et d'approche du problème. En termes d'objectifs, cette étude se caractérise par une recherche descriptive. Comme l'explique Gil (1999), l'objectif est de décrire les caractéristiques d'une population ou d'un phénomène particulier. En ce sens, les analyses des pratiques de gouvernance électronique utilisées par les municipalités rondoniennes étudiées font l'objet d'une description.

En termes de procédures, des recherches bibliographiques et documentaires ont été menées. Martins et Theóphilo (2009) expliquent que la recherche bibliographique vise à expliquer et à discuter un sujet, un thème ou un problème à partir de références publiées dans des livres, des périodiques, des magazines, etc. pour fournir la plate-forme théorique de l'étude. Sá-Silva, Almeida et Guindani (2009) expliquent que la recherche documentaire se caractérise par la recherche d'informations dans des documents qui n'ont pas encore fait l'objet d'un traitement scientifique.

En ce qui concerne la discussion du problème, cette étude est caractérisée comme qualitative parce qu'elle n'utilise pas d'outils statistiques pour analyser les données, que son centre d'intérêt est large et qu'elle implique l'obtention de données descriptives par le biais d'un contact direct et interactif entre le chercheur et la situation étudiée.

3.2 Collecte de données

L'unité d'analyse de cette étude couvre toutes les municipalités de l'État de Rondônia, soit 52 cas au total, choisis en raison de leur importance pour l'économie de l'État et parce qu'ils présentent

43

des signes et un certain niveau d'e-gouvernance. Il s'agit d'une étude de population, c'est-à-dire d'un recensement.

Les pratiques de gouvernance électronique mentionnées ci-dessus seront obtenues à partir des sites web officiels de toutes les municipalités de l'État de Rondônia qui constituent la population étudiée. Il s'agit des municipalités suivantes

Tableau 3 - Municipalités et sites web officiels

Non.	Municipalité	sites web officiels des administrations municipales
01	Alta Floresta d'Oeste	www.altaflorestadoeste.ro.gov.br/
02	Alto Alegre do Parecis	www.altoalegre.ro.gov.br/
03	Alto Paraiso	www.altoparaiso.ro.gov.br/
04	Alvorada d'Oeste	www.alvoradadooeste.ro.gov.br/
05	Ariquemes	www.ariquemes.ro.gov.br/
06	Buritis	www.buritis.ro.gov.br/
07	Cabixi	www.cabixi.ro.gov.br/
08	Cacaulândia	www.cacaulandia.ro.gov.br/
09	Cacoal	www.cacoal.ro.gov.br/
10	Campo Novo de Rondônia	www.camponovo.ro.gov.br/
11	Candeias do Jamari	www.candeiasdojamari.ro.gov.br/
12	Marronniers	www.pmcastanheiras.ro.gov.br/
13	Cerisiers	www.cerejeiras.ro.gov.br/
14	Chupinguaia	www.chupinguaia.ro.gov.br/
15	Colorado do Oeste	www.coloradodooeste.ro.gov.br/
16	Corumbiara	www.corumbiara.ro.gov.br/
17	Costa Marques	www.costamarques.ro.gov.br/
18	Cujubim	www.cujubim.ro.gov.br/
19	Espigão d'Oeste	www.prefeituraespigao.com.br/
20	Gouverneur Jorge Teixeira	www.governadorjorgeteixeira.ro.gov.br/
21	Guajará-mirim	www.guajaramirim.ro.gov.br/
22	Itapuã do Oeste	www.itapuadooeste.ro.gov.br/
23	Jaru	www.jaru.ro.gov.br/
24	Ji-Paraná	www.ji-parana.ro.gov.br/
25	Machadinho d'Oeste	www.machadinho.ro.gov.br/
26	Ministre Andreazza	www.ministroandreazza.ro.gov.br/
27	Mirante da Serra	www.mirantedaserra.ro.gov.br/
28	Monte Negro	www.montenegro.ro.gov.br
29	Nova Brasilândia d'Oeste	www.novabrasilandia.ro.gov.br/
30	Nova Mamoré	www.novamamore.ro.gov.br/
31	Nouvelle Union	www.novauniao.ro.gov.br/
32	Novo Horizonte do Oeste	www.novohorizonte.ro.gov.br/
33	Ouro Preto do Oeste	www.ouropretodooeste.ro.gov.br/
34	Parecis	www.parecis.ro.gov.br/
35	Pimenta Bueno	www.pimentabueno.ro.gov.br/
36	Pimenteiras do Oeste	www.pimenteirasdooeste.ro.gov.br/
37	Porto Velho	www.portovelho.ro.gov.br/
38	Président Médici	www.presidentemedici.ro.gov.br/
39	Printemps en Rondônia	www.primavera.ro.gov.br/

40	Rio Crespo	www.riocrespo.ro.gov.br/
41	Rolim de Moura	www.rolimdemoura.ro.gov.br/
42	Santa Luzia d'Oeste	www.santaluzia.ro.gov.br/
43	São Felipe d'Oeste	www.saofelipe.ro.gov.br/
44	São Francisco do Guaporé	www.saofrancisco.ro.gov.br/
45	São Miguel do Guaporé	www.saomiguel.ro.gov.br/
46	Hévéas	www.seringueiras.ro.gov.br/
47	Teixeiropolis	www.teixeiropolis.ro.gov.br/
48	Theobroma	www.theobroma.ro.gov.br/
49	Urupá	www.urupa.ro.gov.br/
50	Vallée de l'Anari	www.valedoanari.ro.gov.br/
51	Vale do Paraiso	www.valedoparaiso.ro.gov.br/
52	Vilhena	www.vilhena.ro.gov.br/

Source : Préparé à partir de IBGE/2014.

Les sites web officiels des municipalités ont été obtenus grâce à l'outil de recherche Google à l'adresse www.google.com.br.

Les données ont été collectées à partir des sites web de toutes les municipalités impliquées dans la recherche. La période de collecte des données pour cette recherche correspondait au 01 juin au 18 juillet 2015. Après la collecte et le calcul, les indices de gouvernance électronique des municipalités de l'État de Rondônia (IGEM) ont été obtenus sur la base des variables et des analyses de données détaillées ci-dessous.

3.3 Variables et analyse des données

Cette étude a utilisé l'indice de gouvernance électronique pour les municipalités de Rondonia (IGEM), obtenu à partir du modèle proposé par Mello (2009). Cet indice vise à compléter la vision fournie par l'IGE des États brésiliens de Mello, une situation qui a motivé l'analyse de la conformité des municipalités étudiées.

Les variables utilisées pour analyser l'e-gouvernance des sites web des municipalités interrogées figurent à l'annexe 1 de cette étude et ont été divisées en cinq groupes : contenu (PCon), services (PSer), participation des citoyens (PPC), protection de la vie privée et sécurité (PPS) et facilité d'utilisation et accessibilité (PUA).les tableaux 4 et 5 montrent les points et les pondérations attribués pour évaluer l'e-gouvernance.

Tableau 4 - Attribution des points pour l'évaluation des pratiques de gouvernance électronique

Échelle	Description/situation de la pratique
0	Pratique non identifiée
1	Quelques informations sur la pratique

45

2	La pratique est en place mais incomplète
3	La pratique est pleinement mise en œuvre

Source : Mello (2009)

Tableau 5 - Pondération de l'évaluation de l'e-gouvernance

Procédures	Dimensions/Points					
	PCon	PSer	CPP	PPS	PUA	Total
Poids égal entre les dimensions	20	20	20	20	20	100
Pratiques par dimension	13	16	10	8	19	66
Score pour chaque pratique	1,538	1,818	2,000	3,333	1,176	
Score pour l'échelle 0	0	0	0	0	0	
Score pour l'échelle 1	0,513	0,606	0,667	1,111	0,392	
Score pour l'échelle 2	1,025	1,212	1,333	2,222	0,784	
Score pour l'échelle 3	1,538	1,818	2,000	3,333	1,176	

Source : Adapté de Mello (2009)

Les cinq (5) sous-groupes de 20 points (contenu, services, participation des citoyens, protection de la vie privée et sécurité, facilité d'utilisation et accessibilité) ont été pondérés de manière égale.

Ensuite, sur la base du nombre de pratiques par sous-groupe, le score de chaque pratique au sein du sous-groupe a été établi en divisant le poids attribué au sous-groupe par le nombre de pratiques.

Par exemple, le sous-groupe des services a un poids de 20 et 16 éléments de pratiques analysés, ce qui donne un score de 1,25 pour chaque pratique consultée. Pour les pratiques évaluées sur l'échelle de 0 à 1, on considère que le score est de 0 pour celles qui ont un score de 0, c'est-à-dire une pratique non identifiée, et de 1 pour celles qui ont un score de 1, ce qui signifie que la pratique a été mise en œuvre par la municipalité, le score est de 1,25. Les pratiques évaluées sur l'échelle de 0 à 3 ont reçu une note pondérée. Ainsi, pour les pratiques non identifiées, le score est de 0, le score 1 est de 0,417, le score 2 correspond à un score de 0,833 et le score 3 est de 1,25, ce qui signifie, selon l'instrument d'enquête, que la pratique a été pleinement mise en œuvre.

Après avoir effectué ces procédures pour les 66 pratiques de gouvernance électronique, tous les points obtenus par chaque municipalité dans les cinq sous-groupes (contenu, services, participation des citoyens, confidentialité et sécurité, convivialité et accessibilité) ont été additionnés. Ces points représentent le nombre total de pratiques de gouvernance électronique mises en œuvre par les municipalités sur une échelle de 0 à 100, formant ainsi l'IGEM - Indice de gouvernance électronique des municipalités de l'État de Rondônia.

CHAPITRE 4

LA PRÉSENTATION ET L'ANALYSE DES DONNÉES

La proposition d'indice pour mesurer et suivre le développement de l'e-gouvernance, appelé ici IGEM (Index de Gouvernance Electronique des Municipalités de l'Etat de Rondônia), consiste à élaborer l'indice en considérant les sous-groupes de pratiques pondérés de manière égale (poids égaux) et à le valider en utilisant la méthodologie de Melo (2009), de sorte qu'avec les indices représentatifs de chaque municipalité connus, un classement des indices d'e-gouvernance des municipalités de l'Etat de Rondônia sera établi.

Cette section présente les résultats des cinq catégories de pratiques de gouvernance électronique qui composent l'indice analysé. Elle examine ensuite les IGEM qui ont été trouvés pour les sites web des municipalités étudiées.

4.1   Pratiques de gouvernance électronique

L'IGEM se compose du score obtenu dans chacune des cinq catégories de pratiques d'e-gouvernance analysées dans l'enquête, et il est pertinent d'examiner les résultats de ces groupes de pratiques individuellement, qui sont présentés ci-dessous.

4.1.1   Pratiques en matière de contenu

Les municipalités qui ont obtenu les meilleurs et les pires scores en matière de pratiques de contenu sont présentées dans le tableau 1.

Tableau 1 - Municipalités les mieux et les moins bien notées en matière de pratiques de contenu

Municipalités	PCON	Municipalités	PCON
Porto Velho	12,814	Corumbiara	8,716
Alta Floresta	9,742	Gov Jorge Teixeira	8,205
Ariquemes	9,741	Monte Negro	8,205
Ouro Preto	9,229	Nouveau syndicat	8,204
Ji-Paraná	9,229	Vale do Paraiso	8,204
Cacoal	9,229	Parecis	8,204
Pimenta Bueno	9,229	Itapuã D'oeste	7,691
Alvorada D'oeste	9,229	Marronniers	7,691
Président Medici	9,229	Campo Novo	7,179
Vilhena	9,228	Cabixi	7,179

Source : Données de la recherche

Le graphique suivant permet de visualiser les municipalités qui obtiennent les meilleurs résultats en matière de pratiques de contenu :

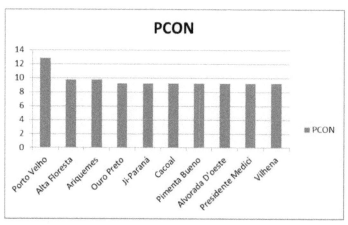

Figura 2   -Principaux IGEM - Contenu pratique

Source : Données de la recherche

De même, les municipalités ayant les scores les plus bas en matière de pratique du contenu sont indiquées dans le graphique ci-dessous :

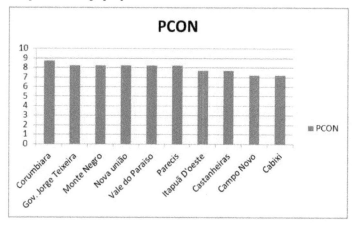

Figura 3   - Mineurs IGEM - Contenu pratique

Source : Données de la recherche

La note maximale pour cette pratique était de 20 points et, parmi les municipalités étudiées, celle qui a obtenu les meilleurs résultats est Porto Velho avec 12,814 points, suivie par Alta Floresta (9,742), Ariquemes (9,741), Ouro Preto D'oeste (9,229) et Ji-Paraná (9,229). Cabixi et Campo Novo de Rondônia sont les municipalités qui ont obtenu les scores les plus bas (7,179 points), suivies par Castanheiras et Itapuã D'oeste (7,691) et Parecis (8,204), qui n'ont pas non plus obtenu de bons

48

résultats en ce qui concerne cette pratique d'e-gouvernance.

En plus des informations du tableau 1, la note moyenne obtenue par les municipalités pour cette pratique est de 8,043.

Les pratiques en matière de contenu sont classées par Holzer et Kim (2005) en cinq catégories : l'accès aux informations de contact, aux documents publics, aux informations sensibles et aux documents multimédias. Les informations de contact doivent permettre à la société d'avoir accès à des informations sur la structure administrative du gouvernement, l'adresse des organes internes et externes, y compris les heures d'ouverture, le nom des responsables de ces organes, des informations sur l'agenda du responsable et les politiques publiques des dirigeants.

En ce qui concerne les informations de contact, il a été constaté que toutes les municipalités n'affichent pas leur structure administrative sur leur site web, ainsi que leur adresse et leurs coordonnées avec les heures d'ouverture, bien qu'il faille noter que certaines municipalités fournissent plus d'informations que d'autres. Certains de ces exemples sont présentés ci-dessous :

Le site web de Cabixi, avec un index de 7,179 dans Content Practice, ne fournit aucun lien vers des informations sur la mairie, avec la possibilité de la contacter avec une adresse, un numéro de téléphone, un numéro de fax ou une adresse électronique, et ne fournit pas non plus la structure et les fonctions de la mairie, ni d'informations sur la gouvernance, ni d'informations sur les postes et leurs compétences. Il n'y a pas d'agenda pour les politiques du gestionnaire de la ville et du conseil municipal, ni de calendrier des événements communautaires, avec un tableau d'affichage, des bulletins d'information et des dates de réunions pour discuter des politiques publiques.

Il a également été noté que Campo Novo de Rondônia a obtenu le même indice (7,179) dans Content practice et ne dispose pas d'un lien informant de l'existence d'un agenda pour le responsable de la municipalité et les politiques publiques. Il n'y avait pas de tableau d'affichage, de bulletins d'information ou de calendrier des événements communautaires au moment de la collecte des données sur ce site.

En outre, il ne dispose pas d'un agenda ou d'un calendrier pour les discussions sur les politiques publiques, avec un calendrier, une heure et un lieu, ni d'une lettre d'information en ligne ou d'informations sur les postes et leurs compétences.

La municipalité de Castanheiras ne présente pas sa structure gouvernementale sur son site web, et il n'y a pas de liste de liens vers les organismes internes et externes avec la localisation des bureaux, des agences et des heures d'ouverture. Elle dispose toutefois d'une rubrique de contact, avec le numéro de téléphone de la mairie. Il convient également de souligner qu'aucun agenda des responsables ou des politiques de l'institution n'a été visualisé, pas plus qu'un calendrier ou un agenda des réunions de débat public, un calendrier des événements ou une lettre d'information.

Itapuã do Oeste fournit les coordonnées de la mairie et son adresse sur son site web. Le site fournit une liste de liens vers les organes internes (secrétariats) avec leur emplacement, etc. Le site ne contient pas l'agenda du maire, un calendrier des événements ou une lettre d'information. Il n'y a pas de calendrier des réunions pour discuter des politiques publiques. Il ne publie pas d'informations sur les violations des lois et des règlements administratifs.

Il ne s'agit que de quelques exemples, mais la plupart des sites ne contiennent pas l'agenda du gestionnaire et les politiques publiques. Il convient donc de souligner que les citoyens devraient être informés des événements que les mairies vont réaliser et ne pas être informés des nouvelles une fois qu'elles se sont produites. En ce qui concerne l'information sur les secrétariats, il existe des informations sur l'identité des secrétaires, mais pas sur leurs fonctions. En outre, les portails municipaux fournissent des adresses électroniques générales de contact, mais pas d'adresses spécifiques pour communiquer avec les secrétaires.

En vérifiant l'existence de documents publics sur les sites web des municipalités étudiées, il a été constaté que les portails fournissent des liens pour accéder aux documents, mais dans de nombreux cas, il n'est pas possible de télécharger les documents, ils ne peuvent être consultés qu'à l'écran. Les documents les plus souvent mis à disposition sur les sites sont les lois et règlements municipaux, les avis d'appel d'offres et les informations sur les budgets. Il convient de souligner que la mise à disposition d'informations de cette nature devrait devenir une pratique constante des organismes publics, permettant à la société non seulement de les consulter, mais aussi de télécharger et de copier les documents.

Les principaux documents qui devraient être mis à disposition sont les codes et règlements municipaux, les informations budgétaires, les appels d'offres publics et la possibilité de télécharger les fichiers mis à disposition. Quelques exemples de ce type de mise à disposition de documents par les municipalités sont présentés ci-dessous.

L'analyse des portails électroniques des municipalités a révélé que la plupart d'entre eux fournissent des informations sur les règles et réglementations municipales, sans fournir d'informations détaillées sur leur budget et leur exécution financière, et il est important de noter que peu d'entre eux mettent les avis publics et les résultats de leurs appels d'offres à la disposition de la société, tout comme il y avait peu d'avis publics et de résultats d'appels d'offres sur les pages principales de l'administration municipale.

L'information sensible fait référence à l'utilisation des portails électroniques municipaux comme outil d'alerte, d'organisation d'événements communautaires et de tableaux d'affichage. L'utilisation du multimédia par les fonctionnaires correspond au fait que des fichiers audio et vidéo sont utilisés pour présenter les activités publiques sur les sites web municipaux. En ce qui concerne les informations sensibles et l'utilisation du multimédia, il a été observé que la majorité des municipalités interrogées ne mettent pas à disposition sur leur site web des vidéos et des audios d'événements publics et/ou de conférences, et que peu d'entre elles disposent de panneaux d'affichage, de chats ou d'espaces de discussion pour débattre de questions politiques, économiques et sociales avec les élus. Elles n'ont pas de site spécifique pour la gestion des urgences et ne publient pas d'offres d'emploi et de CV sur leurs pages.

Porto Velho est l'une des municipalités étudiées qui a obtenu de bons résultats à cet égard, car elle offre à la société une page bien divisée entre les principales nouvelles et les dernières mises à jour, proposant des nouvelles audio dans la section PodCast, avec la possibilité de télécharger l'audio, ainsi que des liens vers les contacts des médias sociaux sur le site.

4.1.2 Pratiques de service

Avec les progrès des technologies de la communication, la relation entre les services offerts à la population et les citoyens est devenue plus étroite, permettant aux services publics d'être offerts directement au domicile des citoyens. Cette situation a permis aux produits et aux services d'être acquis plus rapidement par la société. Selon Holzer et Kim (2005), les pratiques de service peuvent être classées en services permettant à la population d'interagir avec le gouvernement (instruments permettant de consulter des informations, d'accéder à des informations sur l'éducation, les indicateurs économiques, les établissements d'enseignement, l'environnement, la santé, outils pour d'éventuelles plaintes, informations sur les politiques publiques, etc.) et les services qui permettent à la société de s'inscrire à des événements et à des services (paiement des impôts, octroi de licences, de certificats ou de permis, appels d'offres électroniques, etc :

Tableau 2 - Municipalités avec les meilleurs et les pires scores pour la pratique des services

51

Municipalités	PSER	Municipalités	PSER
Ariquemes	17,754	Jaru	11,514
Porto Velho	15,756	Itapuã do Oeste	11,514
Cacoal	15,150	Cujubim	11,514
Alvorada D'oeste	14,544	Costa Marques	11,514
Ji-Paraná	12,726	Corumbiara	11,514
Cacaulândia	12,726	Chupinguaia	11,514
Colorado do Oeste	12,726	Marronniers	11,514
Vilhena	12,726	Rio Crespo	10,908
Ouro Preto do Oeste	12,120	Gov Jorge Teixeira	10,908
Pimenta Bueno	12,120	Cabixi	10,908

Source : Données de la recherche

Les municipalités ayant obtenu les meilleurs résultats en matière de pratiques de service sont indiquées dans le graphique suivant :

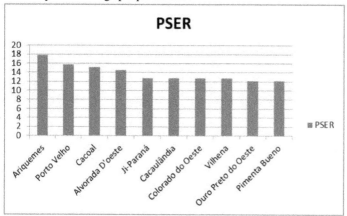

Figure 4 - Les plus grands IGEM - Pratique des services

Source : Données de la recherche

Le graphique suivant montre les municipalités qui obtiennent les scores les plus bas en matière de pratiques de service :

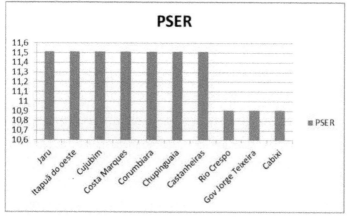

Figura 5   - IGEM Minors - Service pratique
Source : Données de la recherche

Le score maximum pour cette pratique de service est de 20 points et, parmi les municipalités étudiées, la meilleure performance a été observée à Ariquemes avec 17,754 points, suivie par Porto Velho (15,756), Cacoal Grande (15,150), Alvorada do Oeste (14,544) et Ji- Paraná (12,726). Cabixi est la municipalité qui a obtenu le score le plus bas (10,908 points), de même que Governador Jorge Teixeira et Rio Crespo, qui n'ont pas non plus obtenu de bons résultats en ce qui concerne cette pratique de gouvernance électronique. Outre les informations du tableau 2, la note moyenne obtenue par les municipalités pour cette pratique est de 11,420 points.

Quelques exemples de pratiques de service fournies par les municipalités sont présentés ci-dessous : Ariquemes présente sur son site web l'octroi des licences sanitaires et des permis d'ouverture et de fermeture d'établissements. Elle ne fournit pas de calendrier des débats publics, ce qui rend difficile la participation des citoyens. En ce qui concerne la disponibilité des services en ligne, il a été constaté que des bordereaux de paiement des impôts sont émis, mais qu'il n'est pas possible pour le contribuable de simuler le calcul de l'impôt, ni de payer ces montants en ligne. Il offre des outils pour soumettre des plaintes et des dénonciations, ainsi que des indicateurs économiques, éducatifs ou sociaux pour la municipalité.

Le site Internet de la municipalité de Governador Jorge Teixeira ne permet pas d'obtenir en ligne des licences, des enregistrements ou des permis, ni d'acheter des billets pour les événements organisés dans la municipalité. En ce qui concerne les services en ligne, il ne permet pas d'émettre des bordereaux de paiement d'impôts, il n'existe aucun mécanisme de dépôt de plaintes ou de dénonciations publiques, tel qu'un bureau du médiateur, et il n'identifie pas le responsable du site avec un contact possible pour rendre des comptes.

L'analyse des pratiques de service des municipalités a permis de constater que la plupart des sites analysés offrent des outils pour l'obtention de certificats négatifs, l'émission de formulaires fiscaux et des mécanismes de dépôt de plaintes, sans toutefois fournir l'identification du responsable du site pour un contact ultérieur et des informations sur les indicateurs économiques, éducatifs ou sociaux des municipalités, et sans permettre aux contribuables de simuler le calcul des impôts ou d'effectuer des paiements en ligne de ces montants.

4.1.3 Pratiques de participation des citoyens

En ce qui concerne la pratique de la participation des citoyens, Holzer et Kim (2005) expliquent qu'il s'agit de la pratique qui a suscité le plus d'attention de la part des spécialistes de l'e-gouvernance ces dernières années, car elle exige beaucoup d'efforts de la part des fonctionnaires et des citoyens pour être mise en œuvre et maintenue de manière efficace. Selon ces mêmes auteurs, cette pratique fait référence à l'existence d'outils permettant aux citoyens d'avoir un contact en ligne avec les gestionnaires publics, à l'encouragement de la participation populaire dans les décisions budgétaires et de planification et à la possibilité de critiquer et de faire des suggestions sur diverses questions.

Parmi les pratiques de participation citoyenne qui, selon la littérature, devraient être présentées sur les sites web, on peut citer les suivantes : bulletin d'information en ligne, chat, forums de discussion, chats, courrier électronique de contact, programme de discussion publique, enquêtes de satisfaction sur les services fournis et demande de suggestions sur l'amélioration de la structure de gouvernance électronique, et fourniture d'un élément spécifique de participation citoyenne visant à fournir des explications sur l'importance de la participation de la société à la mise en œuvre des politiques publiques.

Les municipalités ayant obtenu les meilleurs et les pires scores pour la pratique de la participation citoyenne sont présentées dans le tableau 3. La note maximale pour cette pratique est de 20 points.

Tableau 3 - Municipalités avec les meilleurs et les pires scores pour la pratique de la participation citoyenne

Municipalités	CPP	Municipalités	CPP
Porto Velho	7,134	Cabixi	4,002
Ariquemes	6,668	Vale do Paraiso	4,001
Cacoal	5,335	Vallée de l'Anari	4,001
Buritis	4,669	Theobroma	4,001
Campo Novo	4,669	Sainte-Lucie	4,001
Hachette	4,669	Rio Crespo	4,001
Mirante da Serra	4,669	RO Printemps	4,001
Alvorada D'oeste	4,668	Itapuã do Oeste	4,001
Cerisiers	4,668	Corumbiara	4,001
Cacaulândia	4,668	Teixeirópolis	3,335

Source : Données de la recherche

Une autre façon de visualiser les municipalités ayant obtenu les meilleurs résultats en matière de participation des citoyens est présentée dans le graphique suivant :

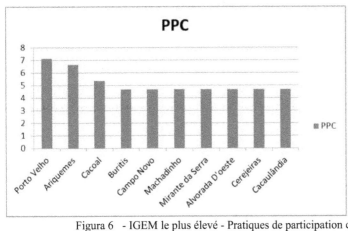

Figura 6 - IGEM le plus élevé - Pratiques de participation citoyenne

Source : Données de la recherche

De même, les municipalités ayant obtenu les meilleurs scores pour la pratique de la participation citoyenne peuvent être observées dans le graphique suivant :

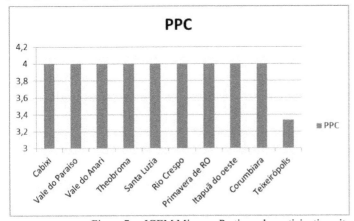

Figura 7 - IGEM Minors - Pratiquer la participation citoyenne

Source : Données de la recherche

Le tableau 3 montre que, de toutes les municipalités étudiées, celle qui a obtenu les meilleurs résultats en termes de participation citoyenne est Porto Velho avec 7,134 points, suivie d'Ariquemes (6,668), de Cacoal (5,335), de Buritis (4,669) et de Campo Novo de Rondônia (4,669). Teixeirópolis est la municipalité qui a obtenu le score le plus bas (3,335), suivie de Corumbiara, Itapuã do Oeste, Primavera de Rondônia, Rio Crespo et Santa Luzia, qui ont toutes obtenu un score de 4,001 et n'ont donc pas obtenu de bons résultats en ce qui concerne cette pratique de gouvernance électronique.

Outre les informations du tableau 3, la note moyenne obtenue par les municipalités pour cette pratique est de 4,202.

Quelques exemples de pratiques de participation citoyenne mises à disposition par les municipalités sont présentés ci-dessous : la municipalité de Teixeirópolis n'identifie pas les responsables du site et/ou les coordonnées (e-mail, téléphone ou adresse) permettant aux utilisateurs du site de demander des informations sur son site web. Il n'y a pas d'élément à utiliser pour rechercher des informations sur le site. En outre, il ne fournit pas d'ordre du jour des réunions ni de calendrier des discussions publiques, y compris l'heure, le lieu, l'ordre du jour et les informations sur les déclarations, la participation, les observations ou les options des citoyens.

Le site web de Corumbiara n'offre pas de tableau d'affichage, de chat, de forum de discussion, de groupes de discussion, de chats, etc. pour discuter de questions politiques, économiques et sociales avec des élus, des organismes spécifiques, des spécialistes, facilitant le dialogue entre le gouvernement et les citoyens, avec une réelle possibilité de participation, et ne publie pas non plus de politique de réponse pour les contacts par courrier électronique, mais il existe un bureau du médiateur par l'intermédiaire duquel les plaintes peuvent être envoyées. En outre, le site ne dispose pas d'un outil permettant d'évaluer la satisfaction des citoyens à l'égard des services offerts par la municipalité, ni de liens vers la participation citoyenne ou la démocratie. Il n'y a pas d'espace réservé à la participation publique. En outre, il n'y a pas d'outils d'interaction avec les citoyens, tels que le chat pour discuter des questions politiques, économiques et sociales avec les élus.

Il a été constaté que la plupart des municipalités étudiées, en termes de pratiques de participation citoyenne, ont des sites qui ne disposent pas d'espaces spécifiques permettant aux utilisateurs de se plaindre ou de suggérer des améliorations à apporter aux sites. Toutefois, il convient de noter que de nombreuses municipalités disposent d'un lien vers le bureau du médiateur. Peu d'entre eux présentent des bulletins d'information ou des agendas de gestionnaires sur leur site web ; lorsqu'ils le font, c'est pour des actions de gestion spécifiques. La présence de chats, forums de discussion sur des questions politiques, n'a pas été observée dans les municipalités interrogées.

4.1.4 Pratiques en matière de protection de la vie privée et de sécurité

En ce qui concerne les pratiques de confidentialité et de sécurité, Mello (2009) explique que les sites doivent être confidentiels et sûrs dans la transmission des données, et que les informations mises à disposition sur les sites doivent être protégées contre l'accès, la manipulation et l'utilisation abusive, étant donné que si les utilisateurs ont le sentiment que les portails électroniques sont sûrs, ils préféreront interagir avec les représentants du gouvernement par voie électronique. Holzer et Kim (2005) estiment que les pratiques en matière de confidentialité et de sécurité doivent être classées en deux catégories : les politiques de confidentialité et l'authentification des utilisateurs. Selon ces mêmes auteurs, la première fait référence aux déclarations de confidentialité du site, à la possibilité de réduire les informations personnelles, à l'utilisation de mots de passe et au contact par courrier électronique pour les plaintes et les critiques. La seconde fait référence à l'accès aux informations publiques dans un espace spécifique qui nécessite un mot de passe et à l'accès aux informations non publiques pour les serveurs dans une zone restreinte qui nécessite un mot de passe et un enregistrement. Voici les meilleurs et les pires indices en matière de pratiques de confidentialité et de sécurité :

Tableau 4 - Municipalités les mieux et les moins bien notées en matière de protection de la vie privée et de sécurité

Municipalités	PPS	Municipalités	PPS
Porto Velho	16,665	Monte Negro	9,999
Ariquemes	12,221	Itapuã do Oeste	9,999
Alvorada D'oeste	12,221	Gov Jorge Teixeira	9,999
Cacoal	12,221	Cujubim	9,999
Cacaulândia	12,221	Costa Marques	9,999
Ji-Paraná	12,221	Corumbiara	9,999
Pimenta Bueno	12,221	Colorado do Oeste	9,999
Président Médicis	12,221	Marronniers	9,999
Rolim de Moura	12,221	Cabixi	9,999
Vilhena	12,221	Campo Novo	8,888

Source : Données de la recherche

Les graphiques suivants montrent les municipalités ayant obtenu les meilleurs résultats en matière de protection de la vie privée et de sécurité :

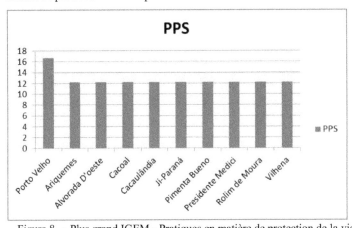

Figura 8   - Plus grand IGEM - Pratiques en matière de protection de la vie privée et de sécurité

Source : Données de la recherche

Ce graphique identifie les municipalités les moins bien notées en matière de protection de la vie privée et de sécurité, comme le montre le graphique suivant :

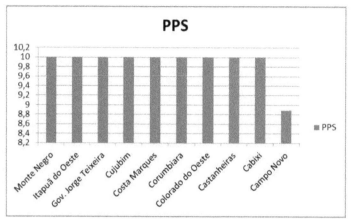

Figure 9 - IGEM le plus bas - Pratiques en matière de protection de la vie privée et de sécurité

Source : Données de la recherche

Le tableau 4 montre que parmi les municipalités étudiées, celle qui a obtenu les meilleurs résultats est la capitale Porto Velho avec 16,665 points, suivie par Ariquemes, Alvorada do Oeste, Cacoal et Cacaulândia, toutes avec 12,221 points. Monte Negro, avec 8,888 points, suivi d'Itapuã do Oeste, Governador Jorge Teixeira, Cujubim, Costa Marques, toutes avec 9,999 points, sont les municipalités qui ont obtenu le score le plus bas pour cette pratique d'e-gouvernance. Outre les informations du tableau 4, la note moyenne obtenue par les municipalités pour cette pratique est de 10,426.

Le Campo Novo de Rondônia ne limite pas l'accès aux données et garantit qu'elles ne seront pas utilisées à des fins non autorisées, en utilisant des mots de passe, le cryptage des données sensibles, des procédures d'audit et en permettant le libre accès à l'information publique, sans signature numérique ni mot de passe. La politique de confidentialité n'est pas mentionnée sur la page, les pratiques effectuées avant et/ou après la collecte des informations ne sont pas mises à disposition et il n'y a pas d'e-mail ou de contact pour les plaintes concernant la politique de confidentialité.

Le site web de la municipalité de Cabixi n'indique pas sa politique de confidentialité, de sorte qu'il n'y a pas de contact pour les plaintes ou les critiques concernant la politique de confidentialité. Il ne nous informe pas des pratiques préalables à la collecte d'informations et aurait dû préciser l'objectif pour lequel les informations sont collectées et l'objectif pour lequel elles sont reçues. Les informations publiques sont accessibles sans mot de passe, tandis que les informations privées sont limitées par des mots de passe.

L'analyse des pratiques en matière de protection de la vie privée et de sécurité sur les sites web des municipalités étudiées a révélé que la grande majorité des sites n'informent pas des pratiques avant ou après la collecte d'informations, et n'indiquent pas l'entité qui reçoit les informations, l'objectif des informations, les destinataires potentiels, la nature des informations, les moyens de collecte, entre autres.

Les informations publiques mises à disposition sur les sites sont librement accessibles et ne nécessitent pas de mots de passe ou de signatures numériques pour identifier les utilisateurs, et peu de municipalités disposent d'un espace permettant aux fonctionnaires de consulter des informations non publiques.

4.1.5 Pratiques d'utilisation et d'accessibilité

En ce qui concerne la pratique de l'utilisabilité et de l'accessibilité, Mello (2009) affirme que les portails électroniques devraient être construits de manière à ce que les utilisateurs qui ne sont pas familiers avec ces sites puissent facilement trouver les informations qu'ils recherchent sur les portails et puissent effectuer toutes les actions liées à l'e-gouvernance. Holzer et Kim (2005) classent les pratiques d'utilisation et d'accessibilité en quatre domaines : les pages traditionnelles (taille de la page d'accueil, canaux personnalisés pour chaque public cible, liens cliquables sur la page d'accueil pour toutes les pages, plan du site, date de la dernière mise à jour), les formulaires (mise à disposition de fichiers pdf, formulaires accessibles par des touches ou le curseur), les outils de recherche (élément de recherche sur la page d'accueil pour tous les secrétariats) et les handicaps d'accès (contenu en plusieurs langues, contenu audio avec sous-titres, accès au site par le biais d'un clavier).Le tableau 5 présente les municipalités ayant les meilleures et les pires pratiques en matière de convivialité et d'accessibilité :

Tableau 5 - Municipalités les mieux et les moins bien notées en matière de pratiques d'utilisation et d'accessibilité

Municipalités	PUA	Municipalités	PUA
Porto Velho	11,368	Cabixi	7,056
Vilhena	9,408	Monte Negro	7,056
Ariquemes	9,016	Point de vue sur les montagnes	7,056
Ji-Paraná	9,016	Buritis	7,056
Président Médicis	8,624	Campo Novo	7,056
Espigão do Oeste	8,232	Marronniers	7,056
Teixeirópolis	8,232	Corumbiara	7,056
Alvorada do Oeste	7,84	Itapuã do Oeste	6,664

| Cacoal | 7,840 | Hachette | 6,664 |
| Cacaulândia | 7,840 | Ministre Andreazza | 6,272 |

Source : Données de la recherche

Nous avons identifié les municipalités qui ont obtenu les meilleurs résultats en matière de convivialité et d'accessibilité, comme le montre le graphique suivant :

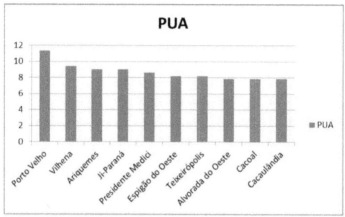

Figura 10   - IGEM majors - Pratique de l'utilisabilité et de l'accessibilité

Source : Données de la recherche

De même, les municipalités ayant obtenu les scores les plus bas en matière de facilité d'utilisation et d'accessibilité sont indiquées dans le graphique suivant :

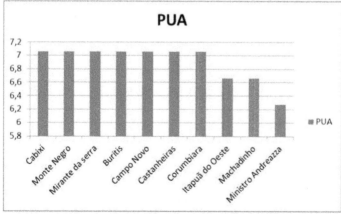

Figura 11   - IGEM Minors - Pratique de l'utilisabilité et de l'accessibilité

Source : Données de la recherche

Les municipalités ayant obtenu les meilleurs et les pires scores en matière de facilité d'utilisation et d'accessibilité sont présentées dans le tableau 5. La note maximale pour cette pratique est de 20 points.

Le tableau 5 montre que parmi les municipalités étudiées, celle qui a obtenu les meilleurs résultats est Porto Velho avec 11,368 points, suivie de Vilhena (9,408), Ariquemes (9,016), Ji-Paraná (9,016) et Presidente Médici (8,624). Ministro Andreazza est la municipalité qui a obtenu le score le plus bas (6,272 points), suivie de Machadinho do Oeste, Itapuã do Oeste, Corumbiara et Castanheira, qui n'ont pas non plus obtenu de bons résultats dans cette pratique de gouvernance électronique. Outre les informations du tableau 5, la note moyenne obtenue par les municipalités pour cette pratique est de 7,206.

Le site web du Ministro Andreazza ne dispose pas d'un espace réservé exclusivement à certains types d'utilisateurs, tels que les citoyens ou les entreprises, par exemple. Il n'y a pas de plan ou de carte du site pour faciliter l'accès à l'information. Il a également été noté que le site ne dispose pas d'un espace pour la recherche d'informations spécifiques. En ce qui concerne les vidéos et/ou les audios, il n'y a qu'une seule vidéo sur la campagne du gouvernement fédéral contre le crack, qui a été mise en ligne il y a plus d'un an, le 03-02-2014.

Vilhena propose des liens vers les sections importantes et permet de télécharger du matériel institutionnel et informatif sur la municipalité. Il propose également des vidéos et des photos des activités de la municipalité, mais les vidéos ne sont pas sous-titrées. Il n'y a pas non plus de lien d'accessibilité ni d'option pour présenter le site dans une langue autre que le portugais.

L'analyse des pratiques en matière de convivialité et d'accessibilité a révélé que la majorité des sites web municipaux disposent d'une carte ou d'un plan du site pour faciliter la localisation des informations, ainsi que d'un espace pour la recherche d'informations sur le site web municipal lui-même. Toutefois, il n'existe aucun mécanisme permettant aux personnes ayant des besoins particuliers d'accéder à l'information. En outre, les sites ne sont disponibles qu'en portugais et aucune transcription dans d'autres langues n'a été constatée.

4.2 Indice de gouvernance électronique pour les municipalités de l'État de Rondônia

Sur la base de la consultation des sites web des municipalités étudiées et de la méthodologie proposée par Mello (2009), les IGEM ont été obtenus pour les entités municipales faisant partie des municipalités de l'étude. Le tableau 6 présente les municipalités ayant le meilleur IGEM, par ordre décroissant de score, ainsi que les résultats des pratiques de chaque catégorie qui composent cet indice

:

Tableau 6 - Municipalités avec l'IGEM le plus élevé						
Municipalités	PCON	PSER	CPP	PPS	PUA	IGEM
Porto Velho	11,79	14,544	7,134	16,670	11,370	61,508
Ariquemes	9,741	17,574	6,668	12,221	9,016	55,220
Ouro Preto	9,229	13,332	6,001	13,332	9,840	51,734
Vilhena	9,228	14,544	6,001	12,221	9,408	51,402
Ji-Paraná	9,229	13,938	6,668	12,221	9,016	51,072
Cacoal	9,229	15,756	5,335	12,221	7,840	50,381
Pimenta Bueno	9,229	13,938	6,001	13,332	7,840	50,340
Alvorada D'oeste	9,229	14,544	4,668	12,221	7,840	48,502
Alta Floresta	9,742	12,726	5,335	12,221	8,232	48,256
Président Médicis	9,229	12,120	4,668	12,221	8,624	46,862

Source : Données de la recherche

Le tableau 6 montre que, parmi les municipalités étudiées, Porto Velho est celle qui a obtenu le score IGEM le plus élevé, avec 61,508 % des pratiques de gouvernance électronique mises en œuvre, suivie par Ariquemes (55,223 %), Outo Preto (51,734 %), Vilhena (51,402 %) et Ji-Paraná avec 51,072 % des pratiques observées sur les sites. Il convient de noter que sur les 10 municipalités présentant le meilleur IGEM, seules deux (Alta Floresta et Alvorada do Oeste) sont situées à proximité de l'autoroute BR 364.

Ces résultats montrent que le groupe ayant les meilleurs scores IGEM est très proche, ce qui peut être analysé en comparant le pourcentage de pratiques obtenu par la municipalité ayant le meilleur indice (61,508 %) et celle ayant le quinzième IGEM (46,682 %), ce qui indique que les portails de ces dix municipalités sont à des stades similaires de mise en œuvre de l'e-gouvernance.

Toutefois, cela ne signifie pas que ces municipalités ont un bon niveau de gouvernance électronique. En effet, il a été constaté que les portails ont un faible niveau de gouvernance et n'encouragent pas la participation des citoyens à l'action gouvernementale. Il s'agit là de la principale caractéristique de l'e-gouvernance et, compte tenu de la situation observée, nous pouvons constater que les municipalités étudiées sont plus proches de l'e-gouvernance, puisque la grande majorité d'entre elles se contentent de fournir des informations et des services à la société sans, par ailleurs, encourager la participation de la société à la gestion publique et au contrôle social.

Le tableau 7 présente les municipalités ayant les scores IGEM les plus bas, par ordre croissant, ainsi que les résultats des pratiques dans chaque catégorie qui compose cet indice.

Tableau 7 - Municipalités avec l'IGEM le plus bas

Municipalités	PCON	PSER	CPP	PPS	PUA	IGEM
Gouverneur Jorge Teixeira	8,205	10,908	4,002	9,999	6,664	39,778
Campo Novo	7,179	12,12	4,669	8,888	7,056	39,912
Cabixi	7,179	10,908	4,668	9,999	7,448	40,202
Itapuã do Oeste	7,691	11,514	4,001	9,999	7,056	40,261
Marronnier	7,691	11,514	4,002	9,999	7,056	40,262
Nouvelle Union	8,204	11,514	4,002	9,999	7,056	40,775
Monte Negro	8,205	11,514	4,668	9,999	6,664	41,050
Vale do Paraiso	8,204	11,514	4,001	9,999	7,448	41,166
Parecis	8,204	11,514	4,002	9,999	7,448	41,167
Corumbiara	8,716	11,514	4,001	9,999	7,056	41,286

Source : Données de la recherche

Le tableau 7 montre que Governador Jorge Teixeira est la municipalité la moins bien notée par l'IGEM, avec 39,778 % des pratiques de gouvernance électronique mises en œuvre, suivie par Campo Novo de Rondônia (39,912 %), Cabixi (40,202 %), Itapuã do Oeste (40,261 %) et Castanheira (40,262 %). Il convient de souligner que la différence de pourcentage dans la mise en œuvre des pratiques de gouvernance électronique entre la municipalité de Governador Jorge Teixeira (52e) et la municipalité de Corumbiara (42e) est inférieure à 2 points. La différence de pourcentage dans la mise en œuvre des pratiques de gouvernance électronique entre la municipalité de Governador Jorge Teixeira (52e) et la municipalité de Corumbiara (42e) est inférieure à 2 points.

L'observation de ces résultats a permis de constater que ces municipalités ont mis en place peu de pratiques de gouvernance électronique et qu'il n'y a pas de différences significatives entre les pratiques adoptées par les dix dernières, tandis que les deux premières (Porto Velho et Ariquemes) sont plus avancées dans la mise en œuvre de la gouvernance électronique que les deux dernières (Governador Jorge Teixeira et Corumbiara). Cette situation peut être illustrée en comparant les scores des municipalités de Porto Velho (61,508 %) et de Governador Jorge Teixeira (39,778 %), qui sont respectivement celles dont l'IGEM est le plus élevé et le plus bas.

En outre, en moyenne, les municipalités interrogées avaient mis en place 44,212 % des pratiques de gouvernance électronique.

Ces résultats montrent que les municipalités ne mettent pas en œuvre les pratiques de gouvernance évoquées dans la littérature, ce qui montre clairement que ces municipalités doivent prendre conscience du fait que la simple mise en œuvre des technologies de l'information sans encourager la participation de la société ne garantit pas l'interaction entre le gouvernement et la société, ce qui rend difficile l'établissement d'un canal de communication à double sens qui favorise un contrôle social efficace.

Ainsi, pour que le concept proposé par Pinho, Iglesias et Souza (2005) soit identifié, il est essentiel que des mécanismes soient mis en place pour encourager la participation du public à la gestion des activités publiques, puisque selon ces auteurs, les sites web devraient être plus qu'un moyen de rendre les services disponibles en ligne, ils devraient être une mesure d'autonomisation politique de la société, permettant une plus grande participation de la population à l'exercice de la citoyenneté. Cet outil de contrôle social devrait fournir des informations qui servent à promouvoir des relations plus démocratiques et plus transparentes entre le gouvernement et la population.

L'analyse des portails électroniques des 52 municipalités qui ont participé à l'étude a révélé l'existence d'une asymétrie d'information dans ces entités publiques, étant donné que la fourniture d'informations à la société est encore balbutiante. Cette situation permet aux seuls gestionnaires publics d'avoir accès à une plus grande quantité d'informations sur la gestion, ce qui empêche les citoyens de contrôler toutes les actions des gouvernants.

La transparence de la gestion publique visualisée dans les municipalités étudiées ne présente que l'aspect de la transparence lié à la mise à disposition de l'information.

Il a été constaté que les sites fournissent peu d'informations et que les informations disponibles ne sont pas facilement accessibles aux utilisateurs. L'information devrait être présentée dans un langage clair, objectif et sans difficultés majeures, afin que les utilisateurs qui ne connaissent pas ces sites puissent facilement trouver l'information qu'ils recherchent sur les portails et participer à la gestion publique.

Il a été constaté que les municipalités analysées n'ont pas une bonne gouvernance, car elles ne sont pas des gouvernements ouverts et transparents, dotés d'outils qui encouragent le contrôle social et une relation étroite entre le gouvernement et les citoyens. Il a également été constaté que les sites web étudiés ne fournissent pas d'outils permettant à la société d'interagir dans le processus de prise de décision, une situation qui affaiblit la participation populaire dans l'administration publique de ces municipalités.

En outre, il a été constaté que les municipalités ne mettent pas en œuvre les pratiques de gouvernance discutées dans la littérature, ce qui montre clairement que ces municipalités doivent réaliser que la simple mise en œuvre des technologies de l'information sans encourager la participation de la société ne garantit pas l'interaction entre le gouvernement et la société, empêchant un canal de communication à double sens qui favorise un contrôle social efficace.

Il est donc essentiel que ces sites intègrent des mécanismes encourageant la participation du public à la gestion des activités publiques, car les portails devraient être plus qu'un simple moyen de rendre des services disponibles en ligne, ils devraient être une mesure d'autonomisation politique pour la société, en permettant une plus grande participation de la population à l'exercice de la citoyenneté.

Les résultats de cette recherche corroborent les recommandations de (FREY, 2000 ; GOMES, 2005 ; RUEDIGER, 2002) qui, dans leurs études, ont observé la prédominance des portails gouvernementaux électroniques qui n'offrent que des services publics à la population, avec des environnements d'information superficiels, sans la présence d'outils qui stimulent la participation de la société à la gestion du gouvernement.

Ainsi, les portails gouvernementaux présentent davantage de caractéristiques d'e-gouvernement et sont encore loin d'une e-gouvernance capable de restructurer la municipalité et de permettre de nouvelles formes d'interaction entre les fonctionnaires et les citoyens, en raison du manque d'incitations à la participation populaire aux décisions gouvernementales, qui est l'élément fondamental d'une bonne e-gouvernance.

CHAPITRE 5

CONSIDÉRATIONS FINALES

Le but de l'étude était d'évaluer les indices de gouvernance électronique des municipalités de Rondônia et, à cette fin, les objectifs spécifiques suivants ont été définis : a) Identifier les pratiques de gouvernance électronique mises en œuvre par les municipalités étudiées ; b) Calculer les indices de gouvernance électronique des municipalités analysées ; et c) Analyser la gouvernance électronique des municipalités étudiées sur la base des indices obtenus dans le cadre de l'étude.

En ce qui concerne les pratiques en matière de contenu, il a été constaté que la majorité des municipalités présentent des informations sur les règles et règlements municipaux, sans détailler les informations sur leur budget et leur exécution financière, et il est important de souligner que peu d'entre elles mettent les avis publics et les résultats de leurs appels d'offres à la disposition de la société, et qu'il n'y a pas beaucoup d'avis publics et de résultats d'appels d'offres sur les pages principales du gouvernement municipal.

En ce qui concerne les pratiques de service, il a été constaté que la plupart des sites analysés offrent des outils pour l'obtention de certificats négatifs, l'émission de formulaires fiscaux et des mécanismes de dépôt de plaintes. Cependant, ils ne fournissent pas l'identification de la personne responsable du site pour un contact ultérieur et des informations sur les indicateurs économiques, éducatifs ou sociaux des municipalités, et ne permettent pas aux contribuables de simuler le calcul des impôts, ainsi que le paiement *en ligne de* ces montants.

Il a été constaté que la plupart des municipalités étudiées, en termes de pratiques de participation citoyenne, ont des sites qui ne disposent pas d'espaces spécifiques permettant aux utilisateurs de se plaindre ou de suggérer des améliorations à apporter aux sites. Toutefois, il convient de noter que de nombreuses municipalités disposent de liens vers le bureau du médiateur. Peu d'entre eux présentent des bulletins d'information ou des agendas de gestionnaires sur leur site web ; lorsqu'ils le font, c'est pour des actions de gestion spécifiques. La présence de chats, forums de discussion sur des questions politiques, n'a pas été observée dans les municipalités étudiées.

En ce qui concerne les pratiques en matière de confidentialité et de sécurité, il a été constaté que la grande majorité des sites web n'informent pas sur les pratiques avant ou après la collecte des informations, et n'indiquent pas l'organisation qui reçoit les informations, l'objectif des informations, les destinataires potentiels, la nature des informations, les moyens de collecte, entre autres. Les informations publiques mises à disposition sur les sites web sont librement accessibles et ne

66

requièrent pas de mots de passe ou de signatures numériques pour identifier leurs utilisateurs, et peu de municipalités disposent d'un espace permettant aux fonctionnaires de consulter des informations non publiques.

En ce qui concerne la facilité d'utilisation et l'accessibilité, il a été noté que la majorité des municipalités ont des pages web avec une carte ou un plan du site pour faciliter la localisation des informations, ainsi qu'un espace pour rechercher des informations sur le site web de la municipalité.

Toutefois, il a été constaté qu'il n'existe aucun mécanisme permettant aux personnes ayant des besoins particuliers d'accéder à l'information. En outre, les sites ne sont disponibles qu'en portugais et aucune transcription dans une autre langue n'a été visualisée.

Il a été constaté que la plupart des municipalités interrogées présentent leurs comptes publics, même si ce n'est que partiellement, sur leur propre site web ou sur les sites web d'autres organisations. De nombreuses entités interrogées n'ont mis à disposition que les états financiers de l'exercice précédent, avec un manque d'informations sur l'évolution de leur collecte fiscale et des informations générales sur les procédures d'appels d'offres ouverts.

Le deuxième objectif spécifique de l'étude a été atteint en obtenant les indices de gouvernance électronique des municipalités étudiées, sur la base de la somme des résultats pour chacune des cinq pratiques de gouvernance analysées sur les sites web. Au terme de l'étude, il est apparu que, parmi les municipalités étudiées, Porto Velho était celle qui affichait le score IGEM le plus élevé, avec 61,50 % des pratiques de gouvernance électronique mises en œuvre, suivie par Ariquemes (55,22 %), Ouro Preto (51,73 %), Vilhena (51,40 %) et Ji-Paraná avec (51,07 %) des pratiques observées sur les sites. Le gouverneur Jorge Teixeira est celui qui a obtenu le score IGEM le plus bas, avec 39,77 % des pratiques de gouvernance électronique mises en œuvre, suivi par Campo Novo de Rondônia (39,91 %), Cabixi (40,20 %), Itapuã do Oeste (40,26 %) et Castanheira, avec 40,26 % des pratiques observées sur les sites.

Le troisième objectif spécifique a été atteint en faisant des déductions sur l'e-gouvernance sur la base des indices d'e-gouvernance trouvés dans la recherche. Parmi ces analyses, on trouve des portails dont les niveaux de gouvernance sont faibles et qui n'encouragent pas la participation des citoyens à l'action gouvernementale. Il s'agit là de la principale caractéristique de l'e-gouvernance et, compte tenu de la situation observée, on constate que les municipalités étudiées sont plus proches de l'e-gouvernance, puisque la grande majorité d'entre elles se contentent de mettre des informations et des services à la disposition de la société, sans pour autant encourager la participation de la société à la gestion publique et à l'exercice du contrôle social.

Il est donc essentiel que ces sites intègrent des mécanismes encourageant la participation du public à la gestion des activités publiques. En effet, plus qu'un simple moyen de mise à disposition de services en ligne, ces sites doivent être une mesure d'autonomisation politique de la société, permettant une plus grande participation de la population à l'exercice de la citoyenneté.

Il a été observé que les gestionnaires publics des municipalités étudiées ont exercé leur *responsabilité dans une* certaine mesure, puisqu'ils ont diffusé des informations sur leurs actions, mais ne les ont pas détaillées de manière à ce que le public puisse évaluer les informations présentées dans les déclarations, analyser le niveau de réussite résultant de la gestion des finances publiques et encourager la participation de la société à des auditions publiques dans le processus d'élaboration et de mise en œuvre des plans, de la loi d'orientation budgétaire et des budgets.

Le quatrième objectif spécifique a été atteint en mesurant les indices calculés et en établissant un classement des municipalités figurant à l'annexe 2 - Résultats IGEM des municipalités étudiées, en commençant par la plus élevée, qui est la municipalité de Porto Velho avec 61,50, et toutes les autres, jusqu'à atteindre la plus basse, qui est la municipalité de Governador Jorge Teixeira avec 39,77.

On peut conclure que les sites web des municipalités étudiées présentent davantage de caractéristiques d'e-gouvernement et sont encore loin d'une e-gouvernance capable de restructurer la municipalité et de permettre de nouvelles formes d'interaction entre les fonctionnaires et les citoyens, car il n'y a pas d'incitations à la participation populaire aux décisions gouvernementales, qui est l'élément fondamental d'une bonne e-gouvernance.

En outre, il a été constaté que les municipalités n'affichent pas sur leurs portails électroniques des informations permettant aux citoyens de s'informer sur la gestion financière de leur municipalité, puisqu'il a été observé que certaines entités municipales ne divulguent pas les états comptables requis par la législation en vigueur de manière transparente et facile à comprendre et qu'il n'a pas été possible de percevoir sur les sites une incitation à la participation de la société à la gestion municipale.

Par conséquent, pour que les citoyens croient en l'action de l'administration publique, il est essentiel qu'ils commencent à exercer un contrôle social sur l'allocation des ressources publiques, et pour que ce contrôle se développe, il est fondamental que la société reçoive des informations sur l'application de ces ressources. Pour que cette information soit transmise, l'administration publique doit disposer d'un système de gestion bien structuré, capable de présenter aux citoyens des actes et des faits administratifs dans ses rapports de comptabilité et de gestion.

Ainsi, les gouvernements doivent rendre des comptes de manière objective et claire, afin que la société puisse exercer un contrôle efficace sur les actions des administrateurs gouvernementaux. Lorsque les états financiers et comptables sont transparents et faciles à comprendre, ils peuvent contribuer à accroître le contrôle social exercé par la société.

Il est recommandé de poursuivre les recherches afin de voir comment la gouvernance électronique est mise en œuvre dans d'autres municipalités qui n'ont pas été étudiées et d'observer les causes qui empêchent les organismes publics de mettre en œuvre la gouvernance électronique de manière plus efficace, compte tenu de la pertinence du sujet, puisqu'elle rend le fonctionnement du gouvernement plus transparent et permet aux différents groupes de la société de contrôler la municipalité de manière efficace et efficiente, ce qui permet un contrôle social plus actif.

CHAPITRE 6

RÉFÉRENCES

ALVES, M.V. ; DUFLOTH, S. C. Public Administration electronic procurement portals : a contribution to the evaluation of electronic governance in Brazil. **Revista Gestão & Tecnologia**, Pedro Leopoldo, v.8, n.1, p.1-19, jan./jul.2008.

ARAÚJO, Wagner Frederico Gomes de ; GOMES, Marco Paulo Soares. **Gouvernance électronique en Amérique latine : peut-on s'attendre à une démocratie électronique ?** *In :* Forum IUPERJ/UFMG : Démocratie et développement en Amérique latine, 12/11/2004, Rio de Janeiro. **Actes...** Rio de Janeiro, 2004. Disponible à l'adresse suivante : <http://neic.iuperj.br/GovernancaEletronicaNaAmericaLatina_Final.doc>. Consulté le : 25/05/2015.

BALESTRIN, Alsones ; ARBAGE, Alessandro Porporatti. **La perspective des coûts de transaction dans la formation des réseaux de coopération.** RAE-eletrônica, v. 6, n. 1, janv./juin 2007.

BARDILL, John E. Towards a culture of good governance : the presidential review commission and public service reform in South Africa. **Public Administration and Development**, v. 20, n. 2, p. 103-118, 2000.

BENTO, L. V. **Governança e Governabilidade na Reforma do Estado : entre eficiência e democratização.** São Paulo : Manole, 2003.

BERNABEL, R. T. **Teoria da Escolha Publica : uma introdução crítica.** 2009.88f. (Master en sciences politiques), Université de São Paulo, 2009.

BERTOT, John Carlo ; JAEGER, Paul T. **The e-government paradox : better customer service doesn't necessarily cost less.** Government Information Quarterly, v. 25, n. 2, p. 149154, 2008.

BORGES, Jussara ; NASCIMENTO, Joanice ; SILVA, Helena Pereira da. Analyse de l'information disponible sur le portail de services et d'information du gouvernement fédéral. In : ENCONTRO NACIONAL DE CIÊNCIA DA INFORMAÇÃO - CINFORM, 6. 2005, Salvador. **Actes...** Salvador, 2005. Disponible à l'adresse : <http://dici.ibict.br/archive/00000526/01/JoaniceJussaraHelena.pdf>. Consulté le : 24/05/2015.

BORINELLI, Marcio Luiz. **Structure conceptuelle de base de la fonction de contrôleur :** systématisation à la lumière de la théorie et de la pratique. São Paulo, 2006. Thèse (doctorat en sciences comptables) - Programme de troisième cycle en sciences comptables, Département de comptabilité et de sciences actuarielles, Faculté d'économie, d'administration et de comptabilité, Université de São Paulo.

BORSANI, H. Les relations entre la politique et l'économie : la théorie du choix public. In : BIDERMAN, Ciro et ARVATE, Paulo (Org). **Économie du secteur public au Brésil**. Rio de Janeiro : Elsevier, 2004.

BRESSER-PEREIRA, Luiz Carlos. **Restriction démocratique dans la réforme de la gestion publique.** Disponible à l'adresse suivante :< http://www.bresserpereira.org.br/papers/2002/02-75Restti%C3%A7%C3%A3oDemocrattca.p.pdf>.

BUCHANAN, D. Demands, instabilities, manipulations, careers : The lived experience of driving change. **Human Relations**, v.56, n. 6, p.663-684. 2003.

BUDHIRAJA, R. **La gouvernance électronique** : une question clé au 21e siècle. Disponible à l'adresse suivante :
<http://unpan1.un.org/intradoc/groups/public/documents/apcity/unpan003628.pdf> Consulté le 18 janvier 2013.

CABRAL, A. M. R. **A vez e a voz das classes populares em Minas**. 1995. 221 f. Thèse (Doctorat en sciences de la communication) - École de communication et des arts, Université de São Paulo, São Paulo, 1995.

CELSO, P. R. ; SILVA, S. J. ; COELHO, F. S. Comparative analysis of e-governance policies in the bric(s). **Revista Debates**, Porto Alegre, v.6, n.2, p. 37-63, mai/octobre 2012.

CHAHIN, Ali ; CUNHA, Maria Alexandra ; KNIGHT, Peter T. ; PINTO, Sólon Lemos. **E- gov.br :** the next Brazilian revolution : efficiency, quality and democracy : electronic government in Brazil and worldwide. São Paulo : Prentice Hall, 2004.

CHOUDRIE, Jyoti ; GHINEA, Gheorgita ; WEERAKKODY, Vishanth. Evaluating global egovernment sites : a view using web diagnostic tools. **Electronic Journal of e-Government**, v. 2, n. 2, p. 105-114, 2004.

CIBORRA, Claudio ; NAVARRA, Diego D. *Bonne gouvernance, théorie du développement et politique d'aide : risques et défis du gouvernement électronique en Jordanie.* **Information Technology for Development**, v. 11, n. 2, p. 141-159, 2005.

CLIFT, Steven. E-démocratie, e-gouvernance et réseau public. Sept./2003. Disponible à l'adresse :
<http://www.publicus.net/articles/edempublicnetwork.html>. Consulté le : 03/05/2015.
COASE, Ronald. La nature de l'entreprise. Economica, [S.l.], v. 4, p. 386-405, 1937.

COMITÉ DE GESTION DE L'INTERNET AU BRÉSIL - CGI.br. **Enquête sur l'utilisation des technologies de l'information et de la communication au** Brésil : ménages et entreprises TIC 2007. São Paulo : 2008. Disponible à l'adresse suivante : <www.cgi.br>. Consulté le : 06/07/2015.

COPEDGE, Michael. **Institutions et gouvernance démocratique en Amérique latine**. Madrid : Síntesis, 1995.

CONSEIL DE L'EUROPE. La **gouvernance électronique, une définition qui couvre tous les aspects de l'administration**. 2007. Disponible à l'adresse :
<http://www.coe.int/T/E/Com/Files/Themes/evoting/ definition.asp>. Consulté le : 10/05/2015.

CRESWELL, J. **Qualitative Inquiry and Research Design :** Choosing among Five Approaches. 2 ed. Thousand Oaks : Sage, 2006.

CRESWELL, JOHN W. **Projet de recherche : méthodes qualitatives, quantitatives et mixtes.** Traduction par Magda Lopes ; conseil, supervision et révision technique de cette 3e édition par Dirceu da Silva. Porto Alegre : Artmed, 2010.

CRUZ, A.A.B.R. La théorie des choix publics - un aperçu de ses éléments du point de vue de Gordon Tullock dans son ouvrage "Government Failure". **Revista Virtual**, v. 9, Année 2011.

CRUZ, C. F. **Transparency in municipal public management : theoretical references and the situation in large Brazilian municipalities**. 2010. 140f. Mémoire (Master en comptabilité), Université fédérale de Rio de Janeiro, 2010.

CRUZ, C. F. ; FERREIRA, A. C. de S. Transparence dans la préparation, l'exécution et la reddition des comptes du budget municipal : une étude dans une municipalité brésilienne. **Revista de Contabilidade do Mestrado em Ciências Contábeis da UERJ**, v. 13, n. 2, art. 1, p. 1-14, 2008.

DAGNINO, Renato ; COSTA, Greiner. **De l'état hérité à l'état nécessaire**. *Dans* COSTA, Greiner ; DAGNINO, Renato (eds). Strategic management in public policy. Campinas, SP : Editora Alínea, 2013.

DEMO, Pedro. **La théorie - pour quoi faire ?** Electronic Journal of Organisational Management - Gestão.Org, v. 3, n. 2, mai/août, 2005.

DELFORGE, T. C. S. La **gouvernance publique dans la lutte contre la corruption**. Disponible<http://www.cgu.gov.br/concursos/Arquivos/6_ConcursoMonografias/2-Lugar-Universitarios.pdf

DENZIN, N.K. ; LINCOLN, Y.S. (eds). **Planning qualitative research : theories and approaches**. 2 ed. Porto alegre : Artimed : Bookman, 2006.

DIAS, M.A. James Buchanan et la politique dans le choix public. **Ponto-e-vírgula**, V 6, p. 201217, 2009.

DOWNS, A. **An Economic Theory of Democracy,** New York : Harper and Row, 1957.

FANG, Z. E-Government in Digital Era : Concept, Practice, and Development. International Journal of The Computer.**The Internet and Management**, v. 10, n.2, p.1-22, 2002.

FERGUSON, M. **E-government strategies : the developing international scene**. In : EISENBERG, J. ; CEPIK, M. (Org.). Internet e política : teoria e prática da democracia eletrônica. Belo Horizonte : Editora UFMG, 2008.

FERNANDES, Ciro Campos Christo. L'administration électronique et la transformation de l'administration publique. *In :* CHAHIN, Ali ; CUNHA, Maria Alexandra ; KNIGHT, Peter T. ; PINTO, Solon Lemos. **E-gov.br** : the next Brazilian revolution : efficiency, quality and democracy : electronic government in Brazil and worldwide. São Paulo : Prentice Hall, 2004.

FILÁRTIGA, Gabriel Braga. **Coûts de transaction, institutions et culture de l'informalité au Brésil**. Revista do BNDES, v. 14, n. 28, p. 121-144, 2007.

FLICK, Uwe. **Introduction à la recherche qualitative**. 3. ed. Porto alegre : Artmed, 2009.

FONTES FILHO, J. R. La gouvernance organisationnelle appliquée au secteur public. In : Congrès

Conférence internationale du CLAD sur la réforme de l'Etat et de l'administration publique, 8, 2003, Panama. **Actes** ... Panama, 28-31 octobre 2003.

FORMAINI, R. L. - The Creation of Public Choice Theory The Creation of Public Choice Theory. Banque fédérale de réserve de Dallas. **Economic Insights**, v. 8, n. 2, 2005.

FREY, K. (2002). **Gouvernance électronique : expériences des villes européennes et quelques leçons pour les pays en développement**. In : EISENBERG, J., & CEPIK, M. (org.) Internet e política : teoria e prática da democracia eletrônica. Belo Horizonte : UFMG.

GALL, Meredith D. ; GALL, Joyce P. ; BORG, Walter R. **Educational research : an introduction**. 8. ed. USA : Pearson, 2007.

GEORGESCU, Mircea. *Le gouvernement à l'ère numérique : mythes, réalités et promesses.*

Réseau de recherche en sciences sociales - SSRN. 2008. Disponible à l'adresse : <http://ssrn.com/abstract=906587>. Consulté le : 08/09/2008.

GHAPANCHI, Amirhossein. **Une application de la proposition de l'UNPD pour le développement informatique du gouvernement iranien.** International Journal of Public Information Systems, v. 2, p. 75-87, 2007.

GHOSH, Atanu ; ARORA, Nitin. **Role of e-governance frameworks in effective implementation (Rôle des cadres de gouvernance électronique dans une mise en œuvre efficace).** In : INTERNATIONAL CONFERENCE ON E-GOVERNANCE - ICEG, 3. 2005. Proceedings... Disponible à l'adresse : <http://web.lums.edu.pk/iceg2005>. Consulté le : 10/03/2015.

GIL, A. C. **Métodos e técnicas de pesquisa social.** São Paulo : Atlas, 1999.

GOMES, W. Digital democracy and the problem of civil participation in political decision-making. **Revista Fronteiras - estudos mediáticos**, v. 3, p. 214-222, Sept./Dec. 2005

GONZÁLEZ DE GÓMEZ, Maria Nélida. Nouveaux scénarios politiques pour l'information. **Ciência da Informação**, Brasília, v. 31, n. 1, p. 27-40, janv.-avr. 2002.

GUIMARÃES, T. A. ; MEDEIROS, J. J. La nouvelle administration publique et la gestion des compétences : changement organisationnel et flexibilité. In : S. M. V. LIMA (org.) **Organisational change** : theory and management. Rio de Janeiro. Fundação Getúlio Vargas, p. 243-266, 2003.

HAYAT, Amir ; ROSSLER, Thomas ; LEITOLD, Herbert ; POSCH, Reinhard. L'identité électronique : le concept et son application pour l'e-gouvernement. 3e conférence internationale sur l'e-gouvernance - ICEG 2005, 9-11 décembre 2005. **Proceedings...** Disponible à l'adresse : <http://web.lums.edu.pk/iceg2005>. Consulté le : 10/06/2015.

HOLZER, Marc et Kim, Seang-Tae **Digital Governance in Municipalities Worldwide (2005)** A Longitudinal Assessment of Municipal Websites Throughout the World © 2006 National Center for Public Productivit.

JAEGER, Paul T. *Deliberative democracy and the conceptual foundations of electronic government.* **Government Information Quarterly**, v. 22, n. 4, p. 702-719, 2005.

JARDIM, J. M. Governo eletrônico no Brasil : o portal rede governo. **Arquivística. net**, Rio de Janeiro, v. 3, n. 1, p. 28-37, janv./jun. 2007.

KARWAL, Anita ; SINGH, Shri J. N. ; SHAH, Neeta. E-Governance and Citizens' Charter : An Agenda for an Effective Delivery Mechanism - The Ahmedabad Experience. In : INTERNATIONAL CONFERENCE ON E-GOVERNANCE - ICEG, 3. 2005, **Proceedings...** Disponible à l'adresse : <http://web.lums.edu.pk/iceg2005>. Consulté le : 11/05/2015.

KNEZEVIC, Boris. New forms of governance in South-East Europe : with special emphasis on Serbia (Nouvelles formes de gouvernance en Europe du Sud-Est : avec un accent particulier sur la Serbie). In : NINTH ANNUAL KOKKALIS PROGRAM GRADUATE STUDENT WORKSHOP, Harvard University's Center for European Studies, Cambridge, MA, **Proceedings ...** feb. 2007. Disponible à l'adresse : <http://ssrn.com/abstract=975218>. Consulté le : 08/07/2015.

KNIGHT, Peter Titicomb ; FERNANDES, Ciro Campos Christo. **E-Brasil** : un programme pour accélérer le développement socio-économique en profitant de la convergence numérique. São Paulo : Yendis Editora, 2006.

KUHN, T. S. **La structure des révolutions scientifiques**. 9e éd. São Paulo : Perspectiva, 2006.

KUPFER, David. **Economia Industrial** : Fundamentos teóricos e práticos no Brasil. 2. ed. Rio de Janeiro : Campus, 2002.

LANE, J. E. **New public management**. Londres : Routledge, 2000.

LOFSTEDT, Ulrica. *E-government - assessment of current research and some proposals for future directions.* **International Journal of Public Information Systems**, v. 1, n. 1, p. 3952,2005.

MACHADO, Nelson et al **GBRSP Result-Based Management in the Public Sector :** A Didactic Approach for Implementation in City Halls, Municipal Councils, Autarchies, Foundations and Organisational Units (**Gestion axée sur les résultats dans le secteur public :** une approche didactique pour la mise en œuvre dans les mairies, les conseils municipaux, les autarchies, les fondations et les unités organisationnelles). 1ª . Edition - São Paulo - Atlas, 2012.

MANBER, Udi ; PATEL, Ash ; ROBISON, John. **Experience with personalisation on Yahoo ! Communications of the ACM**, v. 43, n. 8, p. 35-39, 2000.

MARCHE, Sunny ; MCNIVEN, James D. E-government and E-governance : the future isn't what it used to be. **Revue canadienne des sciences administratives**, Halifax, v. 20, n. 1, p. 7486, mars 2003.

MARTINS, G. de A. ; THEÓPHILO, C. R. **Metodologia da investigação científica para ciências sociais aplicadas**. 2. ed. São Paulo : Atlas, 2009.

MEDEIROS. Paulo Henrique Ramos ; GUIMARÃES, Tomás de Aquino. **L'état d'avancement de l'administration en ligne au Brésil par rapport au contexte mondial**. Revista do Serviço Público, année 55, Brasília, 2004. Disponible à l'adresse : <http://www.ieprev.com.br/>. Consulté le : 12 mai 2015.

MELLO, Gilmar Ribeiro de. **Étude des pratiques de gouvernance électronique** : un outil de contrôle pour la prise de décision dans la gestion des États brésiliens. Thèse de doctorat. Université de São Paulo - USP. Faculté d'économie, d'administration et de comptabilité

(2009). Disponible à l'adresse : <http://www.teses.usp.br/teses/disponiveis/12/12136/tde-11052014-102145/en-br.php>.

MELLO, G.R. de, & SLOMSKI, V. (2010). **Brazilian states' e-governance index (2009) : in the executive branch**. Journal of Information Systems and Technology Management, 7(2), p. 375-408.

MIMICOPOULOS, Michael G. ; KYJ, Lada ; SORMANI, Nicolas ; BERTUCCI, Guido ; QIAN, Haiyan. **Indicateurs de gouvernance publique** : une revue de la littérature. New York : ST/ESA/PAD/SER.E/100, Nations unies, 2007.

MINOGUE, M. ; POLIDANO, C. ; HULME, D. Introduction : l'analyse de la gestion publique et de la gouvernance. In : MINOGUE, M. ; POLIDANO, C. ; HULME, D. (Ed.). Beyond the new public management : changing ideas and practices in governance. Cheltenham : Edward Elgar, 1998. p.1-14.

MONTGOMERY, C. A. ; KAUFMAN, R. Le chaînon manquant du conseil d'administration. Harvard Business **Review América Latina**, Santiago, v.81, n.3, p.62-69, mar.2003.

MOON, M. Jae. *L'évolution de l'administration en ligne dans les municipalités : rhétorique ou réalité ?*

74

Public administration Review, v. 62, n. 4, p. 424-433, 2002.

MUELLER, D. C. **Public Choice 11,** USA : Cambridge University Press, 1989.

NATIONS UNIES. **Benchmarking e-government : a global perspective. New York : Nations unies - Division de l'économie publique et de l'administration publique,** American Society for Public Administration, 2002.

NATH, Vikas. **Modèles de gouvernance numérique : vers une bonne gouvernance dans les pays en développement.** Innovation Journal, avril 2003. Disponible à l'adresse : <HTTP://www.innovation.cc/volumes-issues/nath-digital.pdf>. Consulté le : 02/06/2014.

ODENDAAL, Nancy. Technologies de l'information et de la communication et gouvernance locale : comprendre la différence entre les villes des économies développées et émergentes. **Computers, Environment and Urban Systems,** v. 27, n. 6, p. 585-607, 2003.

OKOT-UMA, Rogers W'O. *Gouvernance électronique : réinventer la bonne gouvernance.* 2000. Disponible à l'adresse : <http://webworld.unesco.org/publications/it/egov/wordbank/20okotuma.pdf>. Consulté le 20/05/2015.

OLSON. **The Rise and Decline of Nations - Economic Growth, Stagflation and Social Rigidities,** Yale University Press, Londres, 1982.

PAIVA, P. A. **Corporate governance in Brazil : control versus legal protection.** 2002. 147 f. Mémoire (maîtrise en administration des affaires). Faculté d'études sociales appliquées, Département d'administration, UnB, Brasília, DF, 2002.

PANZARDI, Roberto ; CALCOPIETRO, Carlos ; IVANOVIC, Enrique Fanta. **Étude sectorielle sur la nouvelle économie** : gouvernement électronique et gouvernance - leçons tirées de l'Argentine. Travail en cours

document. Washington, DC : Banque mondiale, juillet 2002. Disponible à l'adresse : <http://www.worldbank. org>. Consulté le : 08/06/2014.

PARREIRAS, Tatiana A. S., CARDOSO, Ana M., PARREIRAS, Fernando S. Governo eletrônico : uma **avaliação do site da assembleia legislativa de Minas Gerais.** In : CINFORM, 5, 2004, Salvador. Actes... Salvador : UFBA, 2004. Disponible à l'adresse : <http://www.netic.com.br/docs/publicacoes/pub0006.pdf>. Consulté le : 16/05/2015.

PAUL, Shampa. Une étude de cas des initiatives de gouvernance électronique en Inde. **The International Information & Library Review,** v. 39, p. 176-184, 2007.

PEREIRA, S.A. et al. **E-governance in public administration : a case study on electronic taxnotes** -NF- e.http://www.congressocfc.org.br/hotsite/trabalhos_1/421.pdf

PIERANTI, Octavio Penna ; RODRIGUES, Silvia ; PECI, Alketa. Gouvernance et nouvelle gestion publique : convergences et contradictions dans le contexte brésilien. In : ANNUAL MEETING OF THE NATIONAL ASSOCIATION OF POST-GRADUATION PROGRAMMES IN ADMINISTRATION - ENANPAD, 31st, 2007, Rio de Janeiro. **Actes...** Rio de Janeiro : ANPAD, 2007.

PINHO, J. A. G. State e-government portals in Brazil : too much technology and not enough democracy. **Revista de Administração Pública**. Rio de Janeiro v.42, n.3, p. 471-93, mai/juin 2008.

PINHO, José Antônio Gomes de ; IGLESIAS, Diego ; SOUZA, Ana Carolina Pereira de. Governo Eletrônico, Transparência, Accountability e Participação : o que portais de governos estaduais no Brasil mostram. In : ANNUAL MEETING OF THE NATIONAL ASSOCIATION OF POST-GRADUATION PROGRAMMES IN ADMINISTRATION - ENANPAD, 29, 2005, Brasília. **Actes...** Rio de Janeiro : ANPAD, 2005.

POLLITT, Christopher ; BOUCKAERT, Geert. L'évaluation des réformes de la gestion publique : une perspective internationale. In **Revista do Serviço Público/Fundação** Escola Nacional de Administração Pública - v.1, n.1 (nov. 1937) - Ano 53, n.3 (Jul-Sep/2002). Brasília : ENAP, 1937 (trimestriel ISSN:0034/9240).

POPPER, K.R. **A lógica da pesquisa científica**. 11 éd. São Paulo : Cultrix, 1974.

PRZEWORSK,Y. **État et économie dans le capitalisme**. Rio de Janeiro : Relume Dumará, 1995.

REZENDE, F. ; CUNHA, A. ; CARDOSO, R. L. Costs in the public sector. **Revista de Administração Pública**, Rio de Janeiro, RJ, v. 44, n. 4, p. 789-790, jul/ago. 2010.

REZENDE, Denis A. ; FREY, Klaus F. Strategic administration and e-governance in urban management. **Revista Eletrônica de Gestão de Negócios**, v. 1, n. 1, p. 51-59, 2005.

RIBEIRO, C. A. **E-Government in the Reform of the State : interrelations and perspectives**. In : CONIP - Congresso de Informática Pública, 10, São Paulo, 2004.

RICHARDSON, Roberto Jarry. **Recherche sociale : méthodes et techniques**. 3. éd. São Paulo : Atlas, 1999.

RILEY, Cathia Gilbert. **L'évolution du rôle du citoyen dans l'équation de l'e-gouvernance et de l'e-démocratie**. Commonwealth Centre for e-Governance, 2003.

RUA, M. G. Desafios da administração pública brasileira : governança, autonomia, neutralidade. **Revista do Serviço Público**. v. 48,n. 3, Sept./Déc. 1997.

RUEDIGER, M. A. Democratic governance in the information age. **Journal of Public Administration**. Rio de Janeiro, v. 37, n. 6, p. 1257-1280, nov./dez. 2003.

RUELAS, Ana Luz ; ARÁMBURO, Patrícia Pérez. Le **gouvernement électronique : son étude et ses perspectives de développement**. UNIrevista, v. 1, n. 3, juillet 2006.

SAIDI, Nasser ; YARED, Hala. *E-gouvernement : la technologie au service de la bonne gouvernance, du développement et de la démocratie dans les pays de la région MENA.* 2002. Disponible à l'adresse suivante <http://www.worldbank.org/mdf/mdf4/papers/saidi-yared.pdf>. Consulté le : 03/09/2008.

SAMUELSON, P. A. ; NORDHAUS, W. D. **Economia**. McGraw-Hill, 14ª ed. Portugal, 1993.

SANTOS JUNIOR, J. R. ; OLIVEIRA. **A qualitative look at electronic governance   in public administration,** disponible à l'adresse suivante <www.aedb.br/seget/artigos06/740_artigo_final_ampliado-final.pdf> Consulté le 22 juin 2015.

SCHUELE, Karen. **Privacy policy statements on municipal websites**. The Journal of Government Financial Management, v. 54, n. 2, p. 21-29, 2005.

SILVA, Juliano Mario da ; CORREA, Patrícia Soares Azoline. **Gouvernance électronique et esprit d'entreprise : une analyse des sites web des mairies de l'État de Paraná**. In : ANNUAL MEETING OF THE NATIONAL ASSOCIATION OF POSTGRADUATION PROGRAMMES IN ADMINISTRATION - ENANPAD, 30, 2006, Salvador. Actes... Rio de Janeiro : ANPAD, 2006.

SOARES JUNIOR, Jair Sampaio ; SANTOS, Ernani Marques dos. **Gouvernance électronique : une perspective socio-technique des organisations publiques basée sur la standardisation et l'interopérabilité**. In : ANNUAL MEETING OF THE NATIONAL ASSOCIATION OF POST-GRADUATION PROGRAMMES IN ADMINISTRATION - ENANPAD, 31st, 2007, Rio de Janeiro. Actes... Rio de Janeiro : ANPAD, 2007.

SOUZA, Fábia Jaiany Viana de. **Pratiques de gouvernance électronique** : étude des portails des municipalités les plus peuplées du Brésil. Mémoire de maîtrise. Université fédérale du Rio Grande do Norte - UFRN (2014).

SOUZA, F. J. V. et al.Electronic governance practices : a study on the websites of Brazilian capitals. **Qualit@s Electronic Journal**, v.14. n.2, 2013.

THOMAS, Pradip. Bhoomi, Gyan Ganga, e-governance and the right to information : ICTs and development in India (Gouvernance électronique et droit à l'information : les TIC et le développement en Inde). **Telematics and Informatics**, v. 26, n. 1, p. 20-31, 2009.

TORRES, Lourdes ; PINA, Vicente ; ACERETE, Basílio. **E-governance developments in European Union Cities** : reshaping government's relationship with citizens (**Développement de la gouvernance électronique dans les villes de l'Union européenne** : remodeler la relation du gouvernement avec les citoyens). Governance : An International Journal of Policy, Administration, and Institutions, v. 19, n. 2, p. 277-302, avril 2006.

TRIPATHI, Manorama. Lokvani (la voix des masses) : une étude de cas de l'e-gouvernance dans l'Inde rurale. **International Information & Library Review**, v. 39, n. 3-4, p. 194-202, 2007.

TULLOCK, G. ; SELDON, A. ; BRADY, G. L. **Government failure : a primer in public choice**. Institut Catho, Washington D. C. 2002.

UDEHN, L.**The Limits of Public Choice : a sociological critique of the Economic Theory of Politics**. New York : Routledge, 1996.

UNESCO - ORGANISATION DES NATIONS UNIES POUR L'ÉDUCATION, LA SCIENCE ET LA CULTURE. **Définir l'e-gouvernance**. 2005. Disponible à l'adresse suivante : <http://portalunesco.org. Consulté le 19 juillet 2015.

VOLPATO, Gilson. La **science** : de la philosophie à la publication. 6ª ed. rev. amp. São Paulo : Cultura Acadêmica, 2013.

WILLIAMSON, O.E. **Transaction Cost Economics and Organisation Theory**. Dans : SMELSER, N.J. ; SWEDBERG, R. (éditeurs). The Handbook of Economic Sociology. Princeton, Princeton University Press : 1994.

BANQUE MONDIALE. **Gérer le développement** : la dimension de la gouvernance. Banque mondiale, Washington, 29 août 1991.

ZWICKER, Ronaldo ; SOUZA, Cesar Alexandre de ; BIDO, Diógenes de Souza. **Révision du modèle du degré d'informatisation des entreprises : nouvelles propositions d'estimation et de modélisation par PLS** (partial least squares). In : ENANPAD, 32nd ANNUAL MEETING OF THE

ANNEXE 1 - PRATIQUES DE GOUVERNANCE ÉLECTRONIQUE ET DÉFINITION DE LEURS ÉCHELLES

Pratiques en matière de contenu			
Variables	Pratique	Sources d'information	Échelle
PCon1	Fournir une liste de *liens vers des* organisations internes et externes, l'emplacement des bureaux, des agences, des secteurs, etc., les coordonnées avec les heures d'ouverture, l'adresse, les noms, etc.	Holzer et Kim (2005) ; Schuele (2005)	0 - pratique non identifiée. 1 - fournit une liste de *liens vers des* organisations internes et externes. 2 - fournit une liste de *liens vers des* organisations internes et externes avec l'emplacement des bureaux, des agences, des secteurs, etc. 3 - fournit une liste de *liens vers des* organisations internes et externes avec l'emplacement des bureaux, des agences, des secteurs, etc., les coordonnées avec les heures d'ouverture, l'adresse, les noms, etc.
PCon2	Fournir l'agenda du gestionnaire et les politiques de l'institution.	Eisenberg (2004)	0 - pratique non identifiée. 1 - fournit quelques informations sur le programme du gouverneur ou les politiques de l'institution. 2 - fournit quelques informations sur l'agenda du gouverneur et les politiques de l'institution. 3 - fournit quelques informations sur l'agenda du gouverneur et les politiques de l'institution, avec le type d'activité à réaliser, le jour, le mois et la date de début de l'activité. année.
PCon3	Mettre à disposition les codes et règlements.	Holzer et Kim (2005)	0 - pratique non identifiée. 1 - fournit des informations sur les codes et les règlements. 2 - rend les codes et règlements disponibles uniquement pour la visualisation à l'écran. 3 - mettre à disposition les codes et règlements de la municipalité pour impression *et/ou téléchargement.*
PCon4	Mettre à disposition les informations budgétaires, les rapports comptables, les annexes de la LRF, les informations sur les appels d'offres sur l'avancement des travaux, les appels d'offres, etc.	OCDE (2001) ; Eisenberg (2004) ; Rose (2004) ; Holzer et Kim 2005) ; Knight et Fernandes (2006) ; Braga (2007)	0 - pratique non identifiée. 1 - fournit quelques informations sur le budget, les rapports comptables et les annexes du LRF. 2 - fournit quelques informations sur le budget, les rapports comptables et les annexes du LRF et les appels d'offres. 3 - Fournit quelques informations sur le budget, les rapports comptables et les annexes du LRF et des appels d'offres, avec possibilité d'impression *et/ou de téléchargement,* avec des tableaux et des graphiques illustratifs, etc.
Con5	Fournir des informations sur les postes, les compétences et les salaires des fonctionnaires.	Chahin *et al.* (2004) ; Fernandes (2004) ;	0 - pratique non identifiée. 1 - fournit quelques informations sur les postes, les compétences et les salaires des fonctionnaires. 2 - fournit des informations sur les postes, les compétences et les salaires des fonctionnaires actifs,

		Holzer et Kim (2005) ; Braga (2007)	inactifs et retraités, en distinguant les informations ouvertes au public et celles réservées aux fonctionnaires (avec accès par mot de passe).
			3 - fournit des informations complètes sur les postes, les compétences et les salaires des fonctionnaires actifs, inactifs et retraités, en séparant les informations ouvertes au public des informations réservées aux fonctionnaires (avec un mot de passe).
PCon6	Fournir des informations sur les appels d'offres publics, les avis, les résultats des tests, etc.	Torres *et al.* (2006) ; Braga (2007) ; Tripathi (2007)	0 - pratique non identifiée. 1 - pratique identifiée.
PCon7	Permettre la copie des documents publics par impression, téléchargement, etc.	Hollday (2002) ; Holzer et Kim (2005)	0 - pratique non identifiée. 1 - permet uniquement la consultation sur le *site web*. 2 - permet la consultation sur le site et la copie de quelques documents seulement (impression et/ou *téléchargement)* 3 - permet de copier, imprimer, *télécharger,* etc. tous les documents.
PCon8	Les documents publics doivent comporter des références correctes, sans fautes de frappe, d'orthographe ou de grammaire ; l'identification de la propriété intellectuelle, l'identification des sources ou des responsables, les moyens d'établir un contact ; le contenu doit être rédigé dans un langage clair, le ton doit être professionnel, il ne doit pas y avoir d'erreurs d'orthographe ou de grammaire. la partialité dans le discours et l'information sans publicité.	Vilela (2003)	0 - pratique non identifiée. 1 - remplit certaines conditions. 2 - remplit plus de 50 % des exigences. 3 - remplit toutes les conditions.
PCon9	Fournir des informations sur la gestion des situations d'urgence, en utilisant le *site* comme mécanisme d'alerte en cas de problèmes d'origine naturelle ou humaine.	Holzer et Kim (2005) ; Tripathi (2007)	0 - pratique non identifiée. 1 - pratique identifiée.
PCon10	Publier des offres d'emploi, des offres de formation et des ressources de transmission de CV.	Holzer et Kim (2005) ; Tripathi (2007)	0 - pratique non identifiée. 1 - publier des informations. 2 - publie des offres d'emploi, des formations et d'autres informations. 3 - publie des offres d'emploi, des offres de formation et d'orientation et d'autres informations, avec la possibilité pour les personnes intéressées d'envoyer leur CV.
PCon11	Fournir un calendrier des événements communautaires, un	Holzer et Kim	0 - pratique non identifiée. 1 - fournit quelques informations. 2 - fournit un calendrier des événements

	tableau d'affichage, etc.	(2005) ; Tripathi (2007) ; Navarro et al. (2007)	communautaires, un tableau d'affichage avec quelques informations. 3 - fournit un calendrier des événements communautaires, un tableau d'affichage avec toutes les informations nécessaires.
PCon12	Fournir des informations en assumant la responsabilité formelle du contenu et de la mise à jour des pages.	Chahin *et al* . (2004)	0 - pratique non identifiée. 1 - Dans certains cas. 2 - Dans plus de 50 % des cas. 3 - Dans tous les cas.
PCon13	Mettre à disposition sur son *site web des* fichiers audio et vidéo d'événements publics, de conférences, de réunions, etc.	Holzer et Kim (2005)	0 - pratique non identifiée. 1 - pratique identifiée.

Pratiques de service

Variables	Pratique	Sources d'information	Échelle
PSer1	Fournir des courriels, des numéros de téléphone et des adresses pour demander des informations.	Eisenberg (2004) ; Holzer et Kim (2005)	0 - pratique non identifiée. 1 - fournit des e-mails et/ou des numéros de téléphone pour obtenir des informations sur certains services. 2 - fournit des adresses électroniques et/ou des numéros de téléphone pour obtenir des informations sur la plupart des services. 3 - fournit des adresses électroniques et/ou des numéros de téléphone pour obtenir des informations sur tous les services, y compris des adresses pour les contacts personnels.
PSer2	La page d'accueil devrait être personnalisée pour faciliter l'accès des citoyens aux services publics.	Holzer et Kim (2005)	0 - pratique non identifiée. 1 - contient des informations sur les services disséminées sur la page. 2 - contient des informations sur les services, organisés dans un espace spécifique. 3 - dispose d'un espace personnalisé sur la page d'accueil avec des *liens vers* tous les services.
PSer3	Permettre l'accès à des informations privées à l'aide de mots de passe, telles que les dossiers criminels, éducatifs, médicaux et civils, etc.	Silva Filho et Perez (2004) ; Holzer et Kim (2005)	0 - pratique non identifiée. 1 - permet de demander certaines informations privées uniquement à l'aide d'un identifiant, tel que le CPF, la carte d'identité, le dossier de l'étudiant, etc. 2 - permet d'accéder à certaines informations privées uniquement à l'aide d'un identifiant, tel que le CPF, la carte d'identité, le dossier de l'étudiant, etc. 3 - permet d'accéder à des informations privées à l'aide de mots de passe, dans des services liés à la santé, à l'éducation, à la justice, etc.
PSer4	Permettre l'accès aux informations relatives à l'éducation, aux indicateurs économiques, aux établissements d'enseignement, à l'environnement, à la santé, aux transports, etc.	Tripathi (2007)	0 - pratique non identifiée. 1 - a accès à certaines de ces informations. 2 - a accès à toutes ces informations. 3 - dispose d'un espace personnalisé sur la page d'accueil avec un *lien vers* toutes ces informations.
PSer5			0 - pratique non identifiée.

	Identifier la personne responsable ou gérant le *site* en vue d'une éventuelle prise de contact ou d'une responsabilisation.	Holzer et Kim (2005)	1 - uniquement sur la page d'accueil. 2 - Il est indiqué sur la page d'accueil et sur certaines autres pages. 3 - a une identification sur chaque page.
PSer6	Fournir un rapport sur les violations des lois et des règlements administratifs.	Holzer et Kim (2005)	0 - pratique non identifiée. 1 - pratique identifiée.
PSer7	Mettre en place un mécanisme de dépôt, de suivi et d'élimination des plaintes du public.	Tripathi (2007)	0 - pratique non identifiée. 1 - ne dispose que d'un numéro général de *courrier électronique* et/ou de téléphone et de celui de certaines organisations pour les plaintes. 2 - dispose d'une adresse *électronique* générale et/ou d'un numéro de téléphone et de celui de certaines organisations pour les réclamations. 3 - dispose d'un bureau de médiateur général ou d'un secrétariat spécifique avec un numéro de *courrier électronique* et/ou de téléphone pour les plaintes.
PSer8	Fournit des nouvelles et des informations sur les politiques publiques.	Parreiras *et al.* (2004)	0 - pratique non identifiée. 1 - fournit des informations mal organisées. 2 - fournit quelques informations de manière organisée. 3 - fournit des informations organisées sur les principales politiques du gouvernement.
PSer9	Permettre le paiement des impôts, des taxes, des contributions à l'amélioration de l'environnement, des amendes, etc. Cette pratique doit permettre d'accéder à l'information, de remplir des formulaires, de calculer l'impôt et les éventuelles amendes et intérêts, y compris le paiement *en ligne*.	Chahin et al. (2004) ; Holzer et Kim (2005) Knight et Fernandes (2006) ; Torres *et al.* (2006).	0 - pratique non identifiée. 1 - ne fournit que des informations sur les taxes 2 - fournit des informations, permet de remplir des formulaires, de calculer les taxes, les amendes et les intérêts. 3 - fournit des informations, permet de remplir des formulaires, de calculer les taxes, les amendes et les intérêts, et permet le paiement *en ligne*.
PSer10	Permettre la consultation des données d'enregistrement, l'émission de bordereaux de paiement d'amendes.	Silva Filho et Perez (2004) ; Torres *et al* (2006) ; Tripathi (2007)	0 - pratique non identifiée. 1 - ne fournit que des informations. 2 - permettre la consultation des données d'enregistrement, 3 - permettre la consultation des données d'enregistrement et l'émission de bordereaux de paiement pour les amendes
PSerll	Permettre l'obtention de documents fiscaux par voie électronique, tels que les demandes de renseignements et les certificats fiscaux, les factures électroniques, etc.	Chahin et al. (2004) ; Torres *et al* (2006)	0 - pratique non identifiée. 1 - ne fournit que des informations. 2 - permettre l'obtention par voie électronique de documents fiscaux tels que les demandes de renseignements fiscaux et les certificats. 3 - permettre l'obtention de documents fiscaux par voie électronique, tels que les demandes de renseignements et les certificats fiscaux, les factures électroniques, etc.
PSer12	Permettre aux citoyens et/ou aux entreprises de s'inscrire à des services *en ligne*.	Holzer et Kim (2005)	0 - pratique non identifiée. 1 - permettre aux citoyens ou aux entreprises de s'inscrire à au moins un service *en ligne*. 2 - permettre aux citoyens ou aux entreprises de

Variables	Pratique	Sources d'information	Échelle
			s'inscrire à certains services *en ligne*.
			3 - permettre aux citoyens et aux entreprises de s'inscrire à certains services *en ligne*.
PSer13	Octroi de licences, d'enregistrements ou de permis, tels que : permis de santé, licences/enregistrements pour chiens et autres animaux, licences d'ouverture et de fermeture d'établissements, permis de construire, etc.	Holzer et Kim (2005) ; Torres *et al* (2006)	0 - pratique non identifiée. 1 - fournit uniquement des informations sur la manière d'obtenir ces licences. 2 - accorder une sorte de licence *en ligne*. 3 - accorder des licences, des enregistrements ou des permis, tels que les licences sanitaires, les licences/enregistrements pour les chiens et autres animaux, les licences d'ouverture et de fermeture d'établissements,
PSer14	Permet d'acheter des billets pour des événements, etc.	Holzer et Kim (2005) ; Torres *et al* (2006)	0 - pratique non identifiée. 1 - ne fournit que des informations sur l'événement et sur l'endroit où acheter les billets. 2 - fournit des informations sur l'événement, indique où acheter des billets et permet de faire des réservations. 3 - fournit des informations sur l'événement et permet d'acheter des billets.
PSer15	Elle dispose d'un mécanisme de passation de marchés en ligne par le biais d'enchères en ligne - enchères électroniques - qui consistent en une session de négociation automatique sur Internet. entre les organisations, les acheteurs et les fournisseurs du secteur privé.	Chahin *et al.* (2004) ; Fernandes (2004) ; Parreiras *et al.* (2004) ; Sanchez (2005) ; Knight et Fernandes (2006)	0 - pratique non identifiée. 1 - pratique identifiée.
PSer16	Publier les appels d'offres et leurs résultats.	Knight et Fernandes (2006)	0 - pratique non identifiée. 1 - ne fournit que des informations sur les appels d'offres. 2 - met à disposition les appels d'offres et leurs résultats respectifs. 3 - il rend les appels d'offres publics, leurs résultats et d'autres informations disponibles en un lieu spécifique et de manière organisée.

Pratiques de participation citoyenne

Variables	Pratique	Sources d'information	Échelle
PPC1	Avoir un bulletin d'information *en ligne*.	Holzer et Kim (2005)	0 - pratique non identifiée. 1 - pratique identifiée.
PPC2	Fournir des informations sur la gouvernance.	Holzer et Kim (2005)	0 - pratique non identifiée. 1 - pratique identifiée.
PPC3	Fournir un *courriel de* contact	Clift (2003) ;	0 - pratique non identifiée. 1 - ne fournit qu'une adresse *électronique de* contact

	avec une description de la politique de réponse adoptée, en commençant par l'heure et la date de réception, le délai estimé pour une réponse, ce qu'il faut faire si une réponse n'est pas reçue et une copie de votre message d'origine.	Holzer et Kim (2005) ; Navarro *et al* (2007)	générale. 2 - fournit une adresse *électronique* pour contacter le gouverneur et les secrétaires. 3 - fournit une adresse *électronique* pour contacter le gouverneur et les secrétaires, avec une description de la politique de réponse adoptée, en commençant par l'heure et la date de réception, la date limite estimée pour la réponse, ce qu'il faut faire si la réponse n'est pas reçue et une copie de votre message original.
		Panzardi *et al.* (2002 ;) Clift (2003) ; Chahin *et al.* (2004) ; Eisenberg	0 - pratique non identifiée.
PPC4	Mise à disposition d'un tableau d'affichage, d'un chat, d'un forum de discussion, de groupes de discussion, de chats, etc., pour discuter de questions politiques, économiques et sociales avec des élus, des organismes spécifiques, des experts, etc.	(2004) ; Parreiras *et al.* (2004) ; Rose (2004) ; Holzer et Kim (2005) ; Knight et Fernandes (2006) ; Navarro *et al.* (2007) Braga (2007) ; Berlot et Jaeger (2008)	1 - ne fournit qu'un seul panneau d'affichage. 2 - fournit un tableau d'affichage et un canal de communication direct tel que : chat, forum de discussion ou *chats,* etc. 3 - fournit un tableau d'affichage et des canaux de communication directe tels que : chat, forums de discussion et *chats,* etc.
PPC5	Mettre à disposition l'ordre du jour ou le calendrier des discussions publiques, y compris l'heure, le lieu, l'ordre du jour et les informations relatives aux témoignages, à la participation, aux observations ou aux options des citoyens.	Clift (2003) ; Holzer et Kim (2005) ; Navarro *et al* (2007)	0 - pratique non identifiée 1 - ne fournit qu'une liste des questions à débattre. 2 - fournit un ordre du jour des réunions ou un calendrier des débats publics, avec la date et le lieu. 3 - met à disposition l'ordre du jour de la réunion ou le calendrier des discussions publiques, avec la date, le lieu et les informations relatives aux témoignages, à la participation, aux commentaires ou aux options des citoyens.
PPC6	Réaliser des enquêtes ou des sondages de satisfaction, d'opinion, de préférence et de suggestion, brefs ou plus détaillés, pour vérifier la perception qu'ont les citoyens des services fournis et de la structure de gouvernance électronique elle-même.	Clift (2003) ; Holzer et Kim (2005) ; Berlot et Jaeger (2008)	0 - pratique non identifiée 1 - réalise une sorte d'enquête de satisfaction, d'opinion, de préférence et de suggestion. 2 - mène des enquêtes de satisfaction, d'opinion, de préférence et de suggestion pour connaître la perception qu'ont les citoyens des services fournis. 3 - mène des enquêtes de satisfaction, d'opinion, de préférence et de suggestion pour vérifier la perception qu'ont les citoyens des services fournis et de la structure de gouvernance électronique elle-même.
PPC7			0 - pratique non identifiée.

Variables	Pratique	Sources d'information	Échelle
	Prévoir un canal spécifique pour le dépôt des plaintes.	Knight et Fernandes (2006)	1 - pratique identifiée.
PPC8	Fournir des informations biographiques, une *adresse électronique, un* numéro de téléphone, une photographie et une adresse pour contacter les élus et les membres du gouvernement.	Torres *et al.* (2006)	0 - pratique non identifiée. 1 - fournit des informations et des contacts avec le maire et/ou les secrétaires. 2 - fournit des informations biographiques, un *courriel, un* numéro de téléphone, une photographie et une adresse de contact uniquement pour le maire et/ou certains secrétaires. 3 - fournit des informations biographiques, l'adresse *électronique,* le numéro de téléphone, la photographie et l'adresse de contact du maire et de tous les secrétaires.
PPC9	Fournir la structure et les fonctions.	Torres *et al.* (2006)	0 - pratique non identifiée. 1 - Fournit uniquement la structure. 2 - Fournit la structure et les fonctions. 3 - Fournit la structure, les fonctions et d'autres informations telles que : les principales politiques, les objectifs, etc.
PPC10	Fournir un *lien* spécifique vers la "démocratie" ou la "participation citoyenne" sur la page principale de votre *site web,* qui vous conduira à une section spéciale détaillant l'objectif et la mission des unités publiques, les décideurs de haut niveau, permettant des liens vers la législation, le budget et d'autres informations relatives à la *responsabilité.*	Clift (2003)	0 - pratique non identifiée. 1 - fournit un *lien* spécifique vers la "démocratie" ou la "participation citoyenne" sur la page principale de son *site web.* 2 - propose un *lien* spécifique "démocratie" ou "participation citoyenne" sur la page principale de son *site web,* qui renvoie à une section spéciale détaillant l'objectif et la mission des unités publiques et des décideurs de haut niveau. 3 - propose un *lien* spécifique vers la "démocratie" ou la "participation citoyenne" sur la page principale de son *site web,* qui vous renvoie à une section spéciale détaillant l'objectif et la mission des unités publiques et des décideurs de haut niveau, permettant des liens vers la législation, le budget et d'autres informations relatives à la *responsabilité.*

Pratiques en matière de protection de la vie privée et de sécurité

Variables	Pratique	Sources d'information	Échelle
PPS1	Indiquer la politique de confidentialité dans le La politique de protection de la vie privée de l'Union européenne est décrite dans un document intitulé "Politique de protection de la vie privée", disponible sur toutes les pages qui acceptent les données, décrivant les types d'informations collectées et les politiques d'utilisation et de partage des	Bonett (2004) ; Parreiras *et al.* (2004) ; Holzer et Kim (2005) ; Schuele (2005).	0 - pratique non identifiée. 1 - ne déclare que quelques informations sur la vie privée. 2 - indique la politique de confidentialité sur le *site web, en* décrivant les types d'informations collectées et la manière dont elles sont traitées. des politiques sur l'utilisation et le partage des informations personnelles, identifiant les collecteurs d'informations, disponibles uniquement sur certaines pages qui acceptent les données. 3 - la politique de protection de la vie privée du *site web,* décrivant les types d'informations collectées et les politiques d'utilisation et de partage des informations personnelles, identifiant les personnes qui collectent les informations, disponible sur toutes

	informations personnelles, identifiant les personnes qui collectent les informations, et indiquant la date à laquelle la politique de protection de la vie privée a été modifiée.		les pages qui acceptent les données, et indiquant la date à laquelle la politique de protection de la vie privée a été révisée.
PPS2	Permettre de minimiser la divulgation d'informations personnelles en offrant la possibilité de se connecter et de se déconnecter de la fourniture d'informations.	Holzer et Kim (2005) ; Schuele (2005).	0 - pratique non identifiée. 1 - pratique identifiée.
PPS3	Permettre à l'utilisateur de consulter ses données personnelles et de contester les informations incomplètes ou erronées.	Holzer et Kim (2005) ; Schuele (2005).	0 - pratique non identifiée. 1 - pratique identifiée.
PPS4	Informer les pratiques avant toute collecte d'informations personnelles, en soulignant l'entité qui obtient les informations, le but de la collecte, les destinataires potentiels, la nature des informations, les moyens de collecte, le caractère volontaire ou obligatoire des informations et les conséquences d'un refus de les fournir.	Schuele (2005)	0 - pratique non identifiée. 1 - divulgue certaines informations sur les pratiques, que ce soit avant ou après la collecte des informations. 2 - informe les pratiques avant toute collecte d'informations personnelles, en soulignant l'entité qui obtient les informations, le but de la collecte, les destinataires potentiels, la nature des informations, les moyens de collecte, le caractère volontaire ou obligatoire des informations et les conséquences d'un refus de les fournir, au moins sur certaines pages qui collectent des informations. 3 - informe les pratiques avant toute collecte d'informations personnelles, en soulignant l'entité qui obtient les informations, le but de la collecte, les destinataires potentiels, la nature des informations, les moyens de collecte, le caractère volontaire ou obligatoire des informations et les conséquences d'un refus de les fournir, sur toutes les pages qui collectent des informations.
PPS5	Limiter l'accès aux données et veiller à ce qu'elles ne soient pas utilisées à des fins non autorisées, en utilisant des mots de passe, le cryptage des données sensibles et des procédures d'audit.	Manber et al. (2000) ; Holzer et Kim (2005)	0 - pratique non identifiée. 1 - Avez-vous des informations sur la limitation de l'accès et la garantie de non-utilisation de l'information ? données à des fins non autorisées. 2 - limiter l'accès aux données et veiller à ce qu'elles ne soient pas utilisées à des fins non autorisées, en utilisant des mots de passe ou le cryptage des données sensibles. 3 - limite l'accès aux données et veille à ce qu'elles ne soient pas utilisées à des fins non autorisées, en utilisant des mots de passe, le cryptage des données sensibles et des procédures d'audit.
PPS6	Fournir une adresse de contact spécifique, un numéro de téléphone et/ou une adresse électronique pour les plaintes, les	Holzer et Kim (2005)	0 - pratique non identifiée. 1 - pratique identifiée.

Variables	Pratique	Sources d'information	Échelle
	critiques, etc. concernant la politique de confidentialité et de sécurité.		
PPS7	Permettre l'accès à l'information publique par le biais d'une zone restreinte nécessitant un mot de passe et/ou un enregistrement, comme l'utilisation d'une signature numérique pour identifier les utilisateurs.	Chahin *et al.* (2004) ; Hayat *et al.* (2005) ; Holzer et Kim (2005)	0 - pratique non identifiée. 1 - permet d'accéder à l'information publique par le biais d'une zone restreinte qui ne nécessite qu'un enregistrement de l'utilisateur. 2 - permet d'accéder aux informations publiques par le biais d'une zone restreinte qui nécessite l'enregistrement de l'utilisateur et un mot de passe. 3 - permet d'accéder à des informations publiques par le biais d'une zone restreinte qui nécessite un enregistrement, un mot de passe et une ~~signature numérique de l'utilisateur~~
PPS8	Permettre aux serveurs d'accéder à des informations non publiques par le biais d'une zone restreinte nécessitant un mot de passe et/ou un enregistrement.	Holzer et Kim (2005)	0 - pratique non identifiée. 1 - pratique identifiée.
Pratiques en matière d'utilisabilité et d'accessibilité			
Variables	Pratique	Sources d'information	Échelle
PUA1	La taille de la *page d'accueil ne* doit pas dépasser deux longueurs d'écran.	Holzer et Kim (2005)	0 - pratique non identifiée. 1 - pratique identifié.
PUA2	Déterminer le public cible du *site,* avec des canaux personnalisés pour des groupes spécifiques tels que les citoyens, les entreprises ou d'autres organismes publics.	Holzer et Kim (2005)	0 - pratique non identifiée. 1 - fournit des informations sur le public cible du *site sur la* page d'accueil, avec des liens isolés. 2 - détermine le public cible du *site sur la* page d'accueil, avec des canaux personnalisés pour les groupes spécifiques, tels que les citoyens, les entreprises ou d'autres organismes publics, de manière non organisée. 3 - détermine le public cible du *site sur la* page d'accueil, avec des canaux personnalisés pour des groupes spécifiques tels que les citoyens, les entreprises ou d'autres organismes publics, de manière organisée.
PUA3	La barre de navigation doit présenter des éléments regroupés dans la zone de navigation, des termes clairs pour définir les options de navigation par catégorie, des icônes de navigation qui reconnaissent immédiatement la catégorie d'éléments, des *liens d'*identification, etc.	Parreiras *et al.* (2004) ; Holzer et Kim (2005)	0 - pratique non identifiée. 1 - pratique identifié.
PUA4	Fournir des *liens* cliquables vers la page d'accueil sur toutes les pages, vers les services gouvernementaux et vers des *sites* connexes.	Holliday (2002) ; Holzer et Kim	0 - pratique non identifiée. 1 - une pratique identifié sur certaines pages internes du gouvernement. 2 - pratique identifié sur certains *sites* web gouvernementaux et connexes.

		(2005) ; Navarro *et al.* (2007)	3 - pratique identifiée sur tous les *sites web* gouvernementaux et connexes.
PUA5	Fournir un plan du *site* ou un aperçu de tous les *sites sur la* page d'accueil.	Parreiras *et al.* (2004) ; Holzer et Kim (2005) ; Torres *et al.* (2006) ; Braga (2007)	0 - pratique non identifiée. 1 - pratique identifiée.
PUA6	Les pages doivent être composées dans des couleurs standard et cohérentes, avec des styles de police appropriés, un formatage du texte, une visibilité des éléments, des critères pour l'utilisation des logos, etc.	Parreiras *et al.* (2004) ; Holzer et Kim (2005)	0 - pratique non identifiée. 1 - seule la page principale a été conçue avec des couleurs standard et cohérentes, des styles de police appropriés, un formatage du texte, une visibilité des éléments, des critères pour l'utilisation des logos, etc. 2 - certaines pages ont été conçues avec des couleurs standard et cohérentes, avec des styles de police appropriés, un formatage du texte, une visibilité des éléments, des critères pour l'utilisation de logos, etc.
			3 - toutes les pages ont été conçues avec des couleurs standard et cohérentes, des styles de police appropriés, un formatage du texte, une visibilité des éléments, des critères pour l'utilisation des logos, etc.
PUA7	Les textes doivent être soulignés pour indiquer les *liens*.	Holzer et Kim (2005)	0 - pratique non identifiée. 1 - pratique identifiée.
PUA8	Indiquez la date de la dernière mise à jour des pages.	Villela (2003) ; Holzer et Kim (2005)	0 - pratique non identifiée. 1 - pratique identifiée uniquement sur la page d'accueil. 2 - pratique identifié sur certaines pages. 3 - pratique identifiée sur chaque page.
PUA9	Fournir un *lien vers des* informations, avec la possibilité d'un contact, avec adresse, téléphone, fax ou *e-mail.*	Holliday (2002) ; Braga (2007)	0 - pratique non identifiée. 1 - fournit un *lien* sur la page principale pour obtenir des informations. 2 - fournit un *lien* sur la page d'accueil pour obtenir des informations et une forme de contact. 3 - fournit un *lien* sur la page d'accueil pour obtenir des informations, avec la possibilité de les contacter en personne, avec une adresse, ou par téléphone, fax et *courrier électronique.*
PUA10	Mettre à disposition des versions alternatives des documents longs, telles que des fichiers .pdf ou .doc.	Holzer et Kim (2005)	0 - pratique non identifiée. 1 - pratique identifiée.
PUA11	Permettre l'accès aux champs du formulaire par les touches ou le curseur ; identifier clairement ceux		0 - pratique non identifiée. 1 - permet d'accéder aux champs du formulaire à l'aide des touches ou du curseur. 2 - permet d'accéder aux champs du formulaire à l'aide de touches ou du curseur, et l'ordre des onglets

	qui doivent être remplis ; rendre logique l'ordre des onglets des champs, c'est-à-dire qu'en appuyant sur la touche "tab", on passe au champ suivant.	Holzer et Kim (2005)	des champs est logique, c'est-à-dire qu'en appuyant sur la touche "tab", on passe au champ suivant.
			3 - permet d'accéder aux champs du formulaire par des touches ou le curseur, l'ordre des onglets des champs doit être logique, c'est-à-dire qu'en appuyant sur la touche "tab", on passe au champ suivant et on identifie clairement ceux qui doivent être remplis.
PUA12	Fournir des informations sur la manière d'identifier et de corriger les erreurs soumises.	Holzer et Kim (2005) ; Torres et al. (2006)	0 - pratique non identifiée.
			1 - pratique identifiée.
PUA13	Disposer d'un moteur de recherche ou d'un *lien* sur le site lui-même.	Torres et al. (2006)	0 - pratique non identifiée.
			1 - pratique identifiée uniquement sur la page d'accueil.
			2 - pratique identifiée sur la page d'accueil et ailleurs.
			3 - pratique identifiée sur chaque page.
PUA14	Disposer d'un moteur de recherche propre, permettant d'effectuer des recherches spécifiques, par secrétariat, sur l'ensemble du *site*, etc. ; avec des fonctions de recherche avancées, telles que l'utilisation de mots, de phrases exactes, de combinaisons, etc.	Holliday (2002) ; Parreiras et al. (2004) ; Holzer et Kim (2005) ; Braga (2007) ; Navarro et al. (2007) ; Shi (2007)	0 - pratique non identifiée.
			1 - possède son propre moteur de recherche.
			2 - dispose de son propre moteur de recherche, permettant d'effectuer des recherches spécifiques, par secrétariat, sur l'ensemble du *site,* etc.
			3 - dispose de son propre moteur de recherche, permettant d'effectuer des recherches spécifiques, par secrétariat, sur l'ensemble du *site,* etc. avec la possibilité de trier les résultats de la recherche par pertinence ou selon d'autres critères.
PUA15	Prévoir un mécanisme d'accès pour les personnes ayant des besoins particuliers .	Holzer et Kim (2005)	0 - pratique non identifiée.
			1 - ne contient que des informations sur l'accès pour les personnes ayant des besoins particuliers.
			2 - dispose d'informations sur l'accès pour les personnes ayant des besoins particuliers, avec un certain type de contact.
			3 - prévoit un mécanisme d'accès pour les personnes ayant des besoins particuliers.
PUA16	Faire en sorte que le contenu du *site web* soit disponible dans plus d'une langue.	Villela (2003) ; Holzer et Kim (2005)	0 - pratique non identifiée.
			1 - rend le contenu d'une page disponible dans plus d'une langue.
			2 - fournit le contenu de certaines pages dans plus d'une langue.
			3 - fournit le contenu du *site web* dans plus d'une langue.
PUA17	Présenter des textes écrits avec des polices et des couleurs appropriées.	Shi (2007)	0 - pratique non identifiée.
			1 - pratique identifiée.
PUA18	Rendre le contenu audio disponible avec des transcriptions écrites et/ou des sous-titres.	Shi (2007)	0 - pratique non identifiée.
			1 - pratique identifiée.
PUA19	Permettre l'accès au *site et à* son contenu via le clavier de l'ordinateur.	Shi (2007)	0 - pratique non identifiée.
			1 - pratique identifiée.

Source : Mello (2009).

ANNEXE 2 - RÉSULTATS DE L'IGEM POUR LES MUNICIPALITÉS INTERROGÉES

Municipalités	IGEM	Municipalités	IGEM	Municipalités	IGEM
Porto Velho	61,500	Urupá	43,457	Ministre Andreazza	41,887
Ariquemes	55,220	Nova Brasilândia	43,456	Candeias do Jamari	41,859
Ouro Preto	51,734	São Miguel	43,397	Cujubim	41,833
Vilhena	51,402	Nova Mamoré	43,396	Chupinguaia	41,766
Ji-Paraná	51,072	Jaru	43,335	Rio Crespo	41,671
Cacoal	50,381	Colorado D'oeste	43,284	Costa Marques	41,560
Pimenta Bueno	50,340	Mirante da Serra	43,280	Corumbiara	41,286
Alvorada D'oeste	48,502	RO Printemps	43,182	Parecis	41,167
Alta Floresta	48,256	Poivriers	42,791	Vale do Paraiso	41,166
Président Médici	46,862	Sainte-Lucie	42,790	Monte Negro	41,050
Cacaulândia	46,684	Machadinho D'oeste	42,554	Nouveau syndicat	40,775
Rolim de Moura	46,078	Alto Alegre dos Parecis	42,552	Marronniers	40,262
Espigão D'oeste	44,847	Alto Paraiso	42,398	Itapuã D'oeste	40,261
Cerisiers	44,062	Vallée de l'Anari	42,277	Cabixi	40,202
Nouvel horizon	44,062	Hévéas	42,225	Campo Novo	39,912
Guajará Mirim	43,943	Buritis	42,134	Gov Jorge Teixeira	39,778
San Felipe	43,663	Theobroma	42,070		
San Francisco	43,550	Teixeirópolis	41,890		

Source : Données de la recherche

ANNEXE 3 - RÉSULTATS DE L'IGEM DANS LES GRAPHIQUES DES MUNICIPALITÉS INTERROGÉES

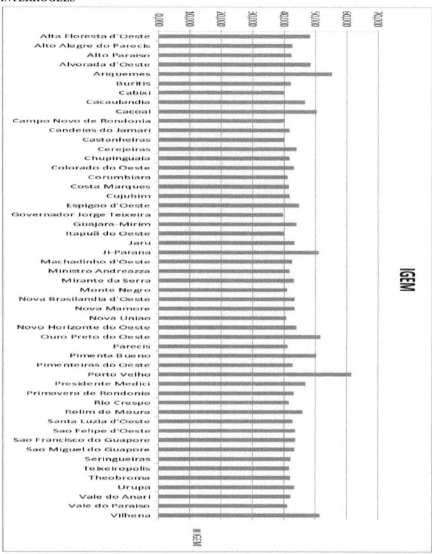

Source : Données de la recherche

I want morebooks!

Buy your books fast and straightforward online - at one of world's fastest growing online book stores! Environmentally sound due to Print-on-Demand technologies.

Buy your books online at
www.morebooks.shop

Achetez vos livres en ligne, vite et bien, sur l'une des librairies en ligne les plus performantes au monde!
En protégeant nos ressources et notre environnement grâce à l'impression à la demande.

La librairie en ligne pour acheter plus vite
www.morebooks.shop

 info@omniscriptum.com
www.omniscriptum.com

Milton Keynes UK
Ingram Content Group UK Ltd.
UKHW020850290324
440175UK00001B/314